龍谷大学地域公共人材・政策開発リサーチセンター（LORC）

LORC

地域公共人材叢書 第4期 第2巻

包摂的発展という選択

これからの社会の「かたち」を考える

白石克孝・村田和代…編

日本評論社

はしがき
叢書（第4期第2巻）の発刊にあたって

本叢書は、龍谷大学地域公共人材・政策開発リサーチセンター (以下、略称であるLORC) が、2014年度から5年間、文部科学省の私立大学戦略的研究基盤形成支援事業の補助を受けて進めてきた研究プロジェクトの成果についてまとめたものである。すでに私たちは、LORCの第1期 (2003～2007年度)、第2期 (2008～2010年度)、第3期 (2011～2014年度) の研究の取りまとめを、それぞれ地域公共人材叢書 (LORC叢書) として日本評論社より刊行している。

LORCの第4期の研究テーマは、「限界都市化に抗する持続可能な地方都市の『かたち』と地域政策実装化に関する研究」と設定した。人口減少と高齢化の進行、地域資源の管理・活用能力の低下を直視し、「限界都市化」(健康で文化的な暮らしを持続するために必要な都市機能を質的／量的に維持することが難しくなっている都市) に抗して、持続可能な地方都市行政の「かたち」と、それを実現するための地域政策実装化への道筋について研究を進めてきた。

第4期LORC研究プロジェクトの前半期の学術的成果については、『連携アプローチによるローカルガバナンス ── 地域レジリエンス論の構築にむけて』をすでに2017年5月に日本評論社より刊行している。そこでは、公と民との協働だけでなく、民と民との協働も含めた、多様な連携のアプローチを展開することによって、地域資源が最適化・顕在化されることを論じた。そして連携のプラットフォームとしての広域連携都市圏政府について、内外のいくつかの事例分析を通して、今後の展望について提示した。

その続編となる本巻は、包摂的発展 (Inclusive Development) 論を新たに提示することで、持続可能な地方都市の実現に向けた取り組みの基本概念を明確にしようと試みた。LORCの研究は理論と実践に架橋し、地域政策とその担い手を共に提示することを地域社会実装化としてきた。限界都市化に挑むあらたな地域政策の実装化にあたっては、LORCが実施あるいは研究する多様な実践的活動を通底する規範的な概念を示すことによって、取り組みの間の接合が可

能になると考えた。経済のみに焦点が当たって地域社会や人びとの発展がもたらされない「発展なき成長」の克服、当事者参加による「社会的包摂」の取り組み、それらの課題解決アプローチに通底する規範的価値意識を包摂的発展への志向として取りまとめた。

　包摂的発展という理論的枠組みを示すことは、持続可能な発展、社会的包摂、ローカルガバナンス、さらにはSDGsなどの世界的な課題に対して、大きな貢献をし得るものと考えている。次期のLORCの研究活動の中では引き続き包摂的発展をキー概念とした研究を続けていく。私たちの提起に訴求力があるかどうかの判断は、読者の皆さんに委ねることになるが、本叢書が今後の交流の起点となるよう努める所存である。

　最後になりましたが、本叢書の出版にあたりましては、日本評論社編集部の高橋健一氏に今回も大変にお世話になりました。本書を刊行できたのは、高橋氏をはじめとする日本評論社の皆さんの辛抱強いご支援があったからこそです。記して謝意を表したいと思います。

2019 年 7 月 12 日

編者　白石克孝

村田和代

目次

はしがき：叢書(第4期第2巻)の発刊にあたって　i

執筆者紹介　vi

序章　包摂的発展の意味を探る —— LORC のこれまでの研究と関わらせて………………………………………………………………………1

 1 持続可能な社会の概念と LORC の理論的・実践的研究 ……………… 1

 2 包摂的「成長」と包摂的「発展」 ………………………………… 6

 3 本書の概要 …………………………………………………………… 12

第1章　包容力の醸成を目指す都市デザイン ……………………… 16

 1-1 都市問題の変容 ……………………………………………………… 16

 1-2 都市をめぐるアジェンダの系譜 ………………………………… 19

 1-3 都市を計画・デザインする営為の思想と手法の変化 …………… 26

 1-4 都市デザインの現代的潮流 ……………………………………… 31

 1-5 小さな空間から都市をプランニングする ……………………… 43

 1-6 見えないデザインとしての都市計画・都市デザイン …………… 46

第2章　地域再生プロセスにみる包摂的発展 …………………… 49

 2-1 持続可能な発展 (Sustainable Development) と包摂的発展 (Inclusive Development) ……………………………………………………………… 49

 2-2 デトロイト市の発展と衰退：歴史的経緯と現状 ……………… 52

 2-3 新たな戦略的都市開発へ：Detroit Future City (DFC) の長期戦略…… 55

 2-4 草の根活動によるネイバーフッドの再生：RecoveryPark の取り組み … 58

 2-5 デトロイト市の再生は包摂的発展を実現できるのか ………… 63

 2-6 包摂的発展の今日的意義 ………………………………………… 66

第3章　ローカルファイナンスが拓く包摂型社会 ……………… 69

 3-1 はじめに —— 地域の力を高める社会的投資の可能性……………… 69

3-2	社会的投資とは何か	70
3-3	地域における社会的投資の類型	72
3-4	現状と課題	80
3-5	おわりに	84

第4章　包摂的発展に向けての人材育成　86

4-1	LORC と人材育成	86
4-2	〈新しい能力〉が主題となる歴史的背景と社会的包摂、社会的投資の考察	88
4-3	〈新しい能力〉をめぐる欧米と日本の議論	98
4-4	〈新しい能力〉の一種としてのソーシャル・スキルの考察	106

第5章　職業的意義を有する大学教育の課題　118

5-1	はじめに	118
5-2	大学教育改革の現状	119
5-3	大学卒業者が直面する社会と労働市場の変化	125
5-4	おわりに ── ソーシャルスキルと「柔軟な専門性」	132

第6章　限界都市化に抗する共感型コミュティの必要性　136

6-1	日本における限界都市化の現状	136
6-2	地域とともに学び合う Community Based Learning	140
6-3	Community Based Learning による大学と地域の変化	142
6-4	共感型コミュニティの必要性	148
6-5	共感型コミュニティの今後に向けて	150

第7章　〈つなぎ・ひきだし・うみだす〉ためのコミュニケーションデザイン　152

7-1	地域公共人材と話し合い	152
7-2	イノベーションをうみだすコミュニケーションデザイン	155
7-3	〈うみだす〉エッセンスとは	165
7-4	おわりに	168

終章　包摂的発展という選択　174

| 1 | 人口減少・脱工業化社会と包摂的発展 | 174 |
| 2 | 包摂的発展という選択 | 180 |

索引　184

執筆者紹介

【 序 章 】 石田徹（いしだとおる）
龍谷大学名誉教授
龍谷大学地域公共人材・政策開発リサーチセンター研究フェロー

【第 1 章 】 阿部大輔（あべだいすけ）
龍谷大学政策学部教授

【第 2 章 】 的場信敬（まとばのぶたか）
龍谷大学政策学部教授

【第 3 章 】 深尾昌峰（ふかおまさたか）
龍谷大学政策学部教授

【第 4 章 】 石田徹（いしだとおる）
龍谷大学名誉教授
龍谷大学地域公共人材・政策開発リサーチセンター研究フェロー

【第 5 章 】 大田直史（おおたなおふみ）
龍谷大学政策学部教授

【第 6 章 】 久保友美（くぼともみ）
龍谷大学地域公共人材・政策開発リサーチセンター博士研究員

【第 7 章 】 村田和代（むらたかずよ）
龍谷大学政策学部教授

【 終 章 】 白石克孝（しらいし かつたか）
龍谷大学政策学部教授（LORC センター長（第 4 期））

序章

包摂的発展の意味を探る ── LORCのこれまでの研究と関わらせて

1
持続可能な社会の概念とLORCの理論的・実践的研究

1-1　持続可能性の概念をめぐる国際的論議

　本書を貫くキーワードである包摂的発展について、LORCの研究史を振り返りながら、その意義をあきらかにしてみよう。LORCは2003年度に開設され、それ以降連続的に文部科学省の助成を受け、4期目の終了年である2018年度の末で研究は16年にも及ぶこととなった。LORCにおける研究の重要な柱は、あるべき人材像と社会像の追究であったといえる。前者の研究についていえば、地域公共人材という人材像として、またその人材が身につけるべき能力を可視化するものとしての地域公共政策士という資格制度として成果が結実した。後者の研究としては、持続可能な社会と協働型社会がLORCにおける社会像のキーワードであったといえるであろう。協働型社会と関わっては、LORCは市民社会、市場、政府の各セクターが重層的複合的に地域社会の課題解決に取り組む「マルチパートナーシップ」という協働型ガバナンスの重要性をあきらかにした。

　では持続可能な社会はどうか。本書の鍵となる概念である包摂的発展と最も関連性のある社会像はこの持続可能な社会であるといえる。そこで、本節では持続可能性 (sustainability)、持続可能な発展 (開発) (sustainable development)、持続可能な (地域) 社会 (sustainable (local) society) といった概念をめぐる国際的な議論を概括するとともに、LORC におけるそれらの概念をめぐる研究を振り返りながら、そうした議論、研究と包摂的発展の概念との関連を探ってみることにする。

　第 2 次世界大戦後の先進国における高度経済成長は、人々に物質的な豊かさをもたらしたが、他方で人間の経済活動がそのインプット、アウトプットの両面において自然環境を大きく毀損することにもなった。インプットの側面では、鉱工業資源やエネルギー資源を食いつぶして、資源の枯渇へと導いていき、アウトプットの側面では大量の廃棄物、排出物が地球環境を破壊し、人類の生存を脅かすまでになっていった。地球環境問題が深刻化する中で、1972 年には環境問題に関わる世界で初めての大規模な政府間会合である「国連人間環境会議」がスウェーデンのストックホルムで開かれた。その会議では、「かけがえのない地球」がスローガンとして掲げられ、「人間環境宣言」が採択されたのであるが、その当時先進国では環境問題への関心が広がり公害に対する規制も本格化しつつあったとはいえ、発展途上国にとって公害は先進国にとっての「贅沢病」であり、「貧困こそが最大の環境汚染である」(インドのインディラ・ガンディー首相の言葉) というのが本音であった。

　環境保全 = 先進国、経済成長 = 発展途上国といった構図であったかのようだが、環境保全と経済成長を対立的に捉える考えは先進国においてもその後も根強く残り、特に経済不況期になると経済成長を優先すべしとの主張が常に頭をもたげた。そうした状況を打開するきっかけのなったのは、1984 年国連に設置された「環境と開発に関する世界委員会」(通称、ブルントラント委員会) が1987 年に発行した『地球の未来を守るために』(Our Common Future) と題する最終報告書である。そこでは、持続可能な開発 (発展) を「将来の世代のニーズを満たす能力を損なうことなく、今日の世代のニーズを満たすような開発」と定義づけて、環境と開発 (発展) は対立するものではなく、人間社会の発展にとって車の両輪であるとの捉え方を明確に打ち出したのである。1990 年代に入ると、環境保全、経済成長すなわち人間活動に関わる環境的側面、経済的側面に加えて、貧困、人権、平和、公正などといった人間活動に関わる社会的側面の重要性が指摘されるようになる。かくして、環境・経済・社会の 3 つの要

素は、持続可能な開発 (発展) をささえる「トリプル・ボトム・ライン」(triple bottom line) と呼ばれるようになったのである。さらに、トリプル・ボトム・ラインを実現するための仕組みとしての制度あるいは組織、ガバナンスの要素が組み入れられて持続可能性の 4 要素とされることもある (国立環境研究所 [2010]; 的場・白石・阿部 [2017] p.243)。

1-2　持続可能な社会をめぐる LORC の研究成果

　LORC の研究の特色は、あるべき社会像、人材像と関わって既往研究を踏まえつつ理論的に新たな知見を加えるという取り組みと理論研究から生みだされ開発されたモデル、政策を社会の中に実装化する取り組みを車の両輪として継続して追求してきたことである。持続可能な社会との関連でいえば、政策実装化の取り組みの具体的事例としては、亀岡カーボンマイナスプロジェクトと地域貢献型再生可能エネルギー事業が挙げられるであろう。前者は、2008 年から京都府亀岡市で始まったプロジェクトであり、地域のバイオマスを炭化して農業用堆肥として使用することで炭素を土中に隔離し、二酸化炭素削減効果を目指す事業である (定松 [2014] pp.229–250)。後者は、東日本大震災による福島原子力発電所の事故後 2012 年に施行された固定価格買取制度に基づいて、地域の住民、企業、行政が主体となって再生可能エネルギーを地域固有の資源として活用し、そこから得られた社会的・経済的利益を域内循環させるという事業である (櫻井 [2014] pp.209–228)。それらの取り組みにおいて LORC は政策開発、制度的インフラ整備、人材育成といった面で貢献したが、事業としては、地域と大学が連携しながら、大学のもつ知的、人的、組織的資源を総合的に活用して地域の課題を解決し地域の活性化をはかるというものである。LORC は、そうした政策実装化の取り組みを通じて、大学の使命として教育、研究に加えて昨今重視されて来ている社会貢献・連携をさらに発展させ、大学が「地域社会変革のインフラ」としての役割を果たすべきだという新たな考え方を提示した (白石 [2014] pp.2–17)。

　LORC における、以上 2 つの政策実装化の取り組みにおいても、持続可能性の環境・経済・社会の 3 要素、つまりトリプル・ボトム・ラインという観点を重視してきたが、上記事業における課題の焦点は脱温暖化、脱原発といったよう

に主として「環境」の要素におかれていたことは間違いない。その点、LORC
のもう1つの取り組みである持続可能性に関わる理論研究における主たる貢献
はトリプル・ボトム・ラインにおける「社会」の要素にあったといえる。この
面での貢献は本書のキー概念である包摂的発展とも関連しているので少し詳し
くみてみよう。

　LORC 第3期 (2011～2013 年度) の研究テーマは「人口減少時代における持
続可能な地域づくりのための制度的インフラと地域公共人材育成の実践的研
究」であったが、第1研究班である「地域公共政策」研究班の下に若手研究者
中心に「ソーシャル・サステイナビリティ研究会」を設置した。研究会の名称
が示すように、この研究会はまさしく社会的持続性すなわち持続可能性におけ
る「社会」の要素を追究することをテーマとした。そのテーマ設定の理由は、
持続可能性をめぐってはトリプル・ボトム・ラインの重要性が指摘されながら
も、実際には環境保存と経済成長のトレードオフ関係が注目されることが多
く、社会的持続性は環境・経済の持続性をサポートする付随的なものとしてみ
られがちであり、また社会的持続性に関わる研究や議論もいまだ十分進んでい
ないと認識したからであった (阿部・的場 [2014] pp.61–62)。研究会としては、
社会的持続性と概念化してそれを中心的テーマとする研究はなお発展途上であ
るとはいえ、都市計画や地域再生の分野においては、環境と経済のみならず持
続可能性の社会的要素をも重視した政策文書が出され、また実践的な取り組み
が行われている事例が EU (1992 年以前、EC) 及びその加盟国、さらに日本に
おいてもあることに注目して、それらの調査と検討を共同で行った。

　EU においては、EU 共通都市政策の創出のきっかけを与えた 1990 年の『都
市環境緑書』の刊行以降、都市が政策的中心課題となったこともあり、都市の
衰退と都市内格差拡大に対処するための都市再生事業が今日に至るまで継続的
に取り組まれるようになった。UPP I・II、URBAN I・II、URBACT I・II・
III と呼ばれるものである[1]。これらの取り組みを通じて、サステイナブル・シ
ティが EU の都市・地域政策分野のキーワードになっていくとともに、持続可

---

　[1]UPP は、Urban Pilot Project の略称であり、第1期 1989～93 年、第2期 1995～99
年、URBAN は第1期 1994～99 年、第2期 2000～06 年、第3期、URBACT は第1期
2002～06 年、第2期 2007～13 年、第3期 2014～20 年が実施期間である。

能性についての理解が環境問題への対応を中心とするものから、内発的な経済発展、地域間格差是正、社会的弱者の包摂など、環境にとどまらない多様な経済的・社会的課題を併せ持つものへと変化していったのである。

EU の政策文書や国内外の先進的取り組み事例の検討を行う中から、研究会は社会的持続性を議論する上での共通要素として、人類の基本ニーズ (雇用、安全、住居、教育、適切な政治参加) の確保とそのプロセスにおける公平性、社会的包摂や市民参加、パートナーシップといった概念、さらにそこから進んで市民社会の意思によって地域運営が適切にコントロールされる、いわゆる「エンパワメント」の実現といったものを抽出していった (的場 [2012])。その上で、地域社会が有する社会的持続性を「地域空間の包容力」と捉え返すとともに、地域社会の持続性を担保する共通要素を 3 つのテーマ、視点、すなわち①「空間・コミュニティの再構築」、②「参加プロセスのリノベーション (政策への日常的参加)」、③「人的資源の継続的創出」に整理、分類したのである。それぞれの視点について説明すれば、社会的持続性を追求する上において、①地域社会から排除されていた人々を包摂していくために新たな地域空間を創出すること、②そうした地域空間をデザインし運営していくうえで、地域の様々な主体 (自治体、NPO、地域住民) が柔軟かつ創造的に連携していくこと、③新たに創出された地域空間を維持・発展させるためにはその担い手を継続的に確保していくことが重要であるということである (阿部・的場 [2013] pp.1–9; 的場・阿部 [2013] pp.277–281)。これら 3 つの視点は、社会的持続性に関わる国内外の先進的取り組み事例における共通の必要要素としても存在しており、これら要素の相互関係と発展の最適なあり方を、地域の社会的・経済的・空間的独自性に合わせて地道に検討していくことが「地域空間の包容力」を高める社会的持続性を追求することにつながるということをあきらかにしたのである (阿部・的場 [2014] pp.62–63)。

以上から分かるように、国内外いずれにおいてもなお発展途上にある社会的持続性の研究に関して、特に都市・地域政策の分野において重視されるべき視点、要素について、LORC は新たな知見を付け加えたといえるであろう。その上で、改めて持続可能性を論じる上で重要な点を確認しておくと、1 つは、LORC は従来の研究では比較的軽視されてきた持続可能性の社会的要素つまり

社会的持続性の概念を掘り下げたのであるが、持続可能性、持続可能な社会を
トータルに考える場合にはやはり環境・経済・社会というトリプル・ボトム・
ラインの観点つまり統合的アプローチの立場に立つことが重要であるというこ
とである。2つは、統合的アプローチに立つ持続可能性の研究、実践において、
何よりも社会的に排除され、疎外された人々の目線に立ち、彼らを細かな配慮
の上でいかに社会へと包摂していくかを考える必要があるということである。
社会的包摂の概念と関連づけることによって社会的持続性の概念もより豊富に
なることは社会的持続性の理論研究においてリードしているアメリカ・ポート
ランド州立大学の研究グループも指摘するところである (Dillard *et al.* [2013]
p.2)。

　さて、持続可能性、なかでも社会的持続性に関わる LORC の研究を跡づけ
てみたが、そのなかで都市・地域政策において持続可能性を考える場合に社
会的包摂という概念、観点が重要であることが浮かび上がってきた。本書の
キーワードである包摂的発展の概念、観点はそうした社会的持続性から社会的
包摂へといった研究の流れの中で着想を得たといえるであろう。包摂的発展の
概念は、現在のところ社会的持続性以上に発展途上の概念である[2]。そこで、
LORC の社会的持続性の研究を踏まえながら包摂的発展の意味について1つの
理解を提示してみることにする。

2
包摂的「成長」と包摂的「発展」

2-1　経済成長と経済発展

　LORC の本書で包摂的発展という言葉を使っているのは、欧州連合 (EU) が、
2010 年から 2020 年にかけての中期的戦略として立てた「欧州 2020」(Europe
2020) において提起した3つの優先事項の1つである「包摂的成長」(inclusive
growth) を念頭に置きながらも、それとは違う意味を込めようとしているから
である。「包摂的」の言葉がつけられた場合の両者の意味の違いは EU におけ
る包摂的成長の言葉の使い方と関わらせて後に検討するとして、まず成長では

---

[2]包摂的発展の概念に関する国際的研究の一端については、本書第2章を参照されたい。

なく発展という言葉を使うことの意義をあきらかにしてみよう。

　発展と成長は、かつては同じ意味を持つものと考えられていた。経済成長とは、経済規模の量的拡大であり、その成長の度合いは、国内総生産 (GDP)、国民総生産 (GNP) あるいは 1 人あたりの国民所得の増加率で表される。それは、市場において取引される財とサービスの増加を貨幣的に表す量的な指標である。日本でも 1970 年代初頭までの高度経済成長が国民所得の上昇をもたらし、人々の豊かさ、生活の発展をもたらしたことは疑う余地はない。人々の幸福が物質的な豊かさによって実現される社会あるいは時代においては、経済成長と経済発展の概念の区別はあまり意味をもたず、同義に使われたわけである。ところが、経済が一定の水準に達すると、人々の欲求も多様化し、物質的な豊かさだけでは幸福度をはかれなくなる。さらに、1973 年のオイルショックをきっかけにして日本も含めて世界的に経済が低成長期に入るとともに、経済成長がその裏面として資源の枯渇や地球環境の破壊をもたらすことがあきらかになっていった。そうしたことを背景にして、成長と発展を区別する、あるいは経済発展は経済成長には還元できないという考えが台頭してくる。つまり、経済発展を考える場合には、GDP や国民所得の上昇などで表される人間活動の量的側面だけでなく、人々の生活の質的側面、社会的側面をも視野に入れる必要があるという考え方である。

　その後、経済発展を表す指標、すなわち市場で取引される財・サービス以外の要素も組み入れて人間生活の充実度をはかる指標の開発、研究が相次いで行われるようになる。国民純福祉 (NNW)、経済福祉指標 (MEW)、グリーン GDP、環境・経済統合勘定体系 (SEEA) といった指標である。それらは市場に現れない家事労働や余暇時間などを貨幣的に評価して GNP に加算したり、自然資源の減耗や環境の劣化にともなう費用を GNP から差し引いたりして、国民生活の実態に合わせたマクロ経済指標をつくろうとしたものである。そうした指標に基づけば、GNP の上昇という形で経済成長にとってはプラスに現れたとしても環境や資源の破滅がもたらされれば、それは経済発展にとってはマイナスとしてとらえられることになるのである。

　経済発展に関わる新たな指標、指数の 1 つが、国際連合の下部機関である国連開発計画 (UNDP) が毎年公表している人間開発指数 (Human Development

Index) である。その指標の開発に寄与したのは、ノーベル経済学賞受賞者のアマルティア・センである。彼は、物質的な豊かさの追求を経済発展の目標に置くのではなく、人々の潜在能力 (capability) を豊かにすることに置くべきと考えた。なぜなら、彼にとって「貧困とはたんに所得の低さというよりも、基本的な潜在能力が奪われた状態」(セン [2000] p.99) であり、福祉 (Well-Being) とは潜在能力を拡充させることにあるからである。人間開発指数は、各国の人間開発の度合いを、①長寿、②知識、③人間らしい生活水準の3つの分野について測った包括的な経済社会指標である。具体的には、①は平均寿命 (出生時平均余命)、②は成人識字率と平均就学年数から算出される教育水準、③は所得 (1人あたり実質GDP)、といったように3つの要素をそれぞれ指数化し、計算されている。人間開発指数は、人々の生活の質的向上を主として福祉的観点から捉えようとしているが、LORCの発展の捉え方としては、そうした福祉的観点に加えて環境的観点をも重視しているということからいえば「持続可能な人間開発」という言葉で表すことができるかもしれない。

　人間開発そして持続可能な人間開発との関連で注目すべきは、2000年の国連ミレニアムサミットにおいてグローバル・レベルで各国が共有する開発目標を初めて打ち出したとされるミレニアム開発目標 (Millennium Development Goals = MDGs) とそれを引き継ぎ、2015年の国連総会で採択された持続可能な開発目標 (Sustainable Development Goals = SDGs) である。前者では、貧困削減を最重要課題と位置づけながら、人間開発指数にもある教育や健康関連の目標に加えてジェンダー平等の推進や環境の持続可能性の確保に関わる目標も加えられた。MDGsの場合主として対象とされたのは発展途上国であったのに対してSDGsにおいては先進諸国も対象にされたことにより、達成すべき目標の範囲も広がっている。たとえば、持続可能な都市・地域、責任ある消費・生産、平和で公正な社会などの目標も組み入れられている。経済・社会・環境の持続可能性に関わる課題が包括的に示されているといえるのである。

2-2　包摂的発展の意義 —— EU における包摂的成長との関連で

　さて、包摂的発展と対比される概念として上に指摘した包摂的成長であるが、これはEUが2000年に採択したリスボン戦略の後継の戦略として2010

年に決定した欧州 2020 において定められた成長に関わる 3 つの優先事項の うちの 1 つを表す重要な概念である。3 つの優先事項とは、①「知的な成長」 (smart growth)、②「持続可能な成長」(sustainable growth)、③「包摂的成長」 (inclusive growth) である。①は、知識とイノベーションを駆動力にする経済、 ②は資源効率的で環境に優しい (green) 経済、③は経済的・社会的結束をもた らす高就業の経済を表している (European Commission [2010] p.3)。これら の優先事項の言葉を見れば、EU が経済的効率性つまり経済の持続可能性のみ ならず環境の持続可能性、社会の持続可能性、すなわちトリプル・ボトム・ラ インをバランスよく追求しようとしていることがわかる。3 つの持続可能性の 追求はリスボン戦略以降における EU の戦略の特徴であり、経済的効率性を何 よりも優先する新自由主義の立場と大きく違うところである。

　EU における包摂的成長の考え方をもう少し詳しく見てみよう。包摂的成 長とは、人々が変化を予期して対応できるようにするとともに、「結束力ある 社会」(a cohesive society) を築くために、高水準の就業率を通じて人々に活 力を与えること、技能へ投資すること、貧困問題に取り組むこと、そして労働 市場や職業訓練および社会保障制度を近代化することを意味する、とされてい る。EU が、包摂的成長において、とりわけて就業率の向上、技能の上昇、貧 困の削減の 3 つを何よりも重視していることは、それらについては次のように 具体的な数字を挙げて問題を掘り下げているところからもうかがえる。すなわ ち EU の就業率は、生産年齢人口の 3 分の 2 しか就業していず、70% 以上の アメリカや日本に劣っており、高齢者と女性の就業率が特に低い。技能に関し ては、2020 年までに高技能資格を必要とする職が 1600 万人分増え、低技能者 への需要は 1200 万人分減るにもかかわらず、現在低技能者が 8000 万人もい る。貧困削減と関わっては、8000 万人が貧困リスクに陥り、そのうち 1900 万 が子供であり、就労者のうち 8% しか貧困基準を上回る収入をえていない、と いったように課題を具体的に指摘しているのである (European Commission [2010] p.16)。

　EU は、包摂的成長の鍵となる就業、技能、貧困の相互の関連を次のように 見ているといえよう。まず、貧困あるいは社会的に排除された人々を社会に包 摂していくための基本的な方法を就業においていることである。それは「失

業が社会的排除の主要因であり、それゆえに就業が社会的包摂への基本の道筋となる」(European Commission [2000] p.6) との認識からきている。そして、EU が来たるべき社会と見なす知識基盤経済 (knowledge-based economy) の下では、就業の鍵となるのは技能の向上にあり、生涯を通じて教育訓練を受けること、すなわち人的資本への投資を通じて知識、技能を向上させていくことが必要であると考えているのである。

さて、EU がリスボン戦略の採択以降の戦略目標として 3 つの持続可能性を同時的に追求しようとしている点で経済的効率性重視、すなわちもっぱら成長と雇用を優位に置く路線である新自由主義とは異なるという点はすでに指摘したが、実際の政策運営においては成長と雇用をより重視すべきとの議論がEU の中からもしばしば登場した。たとえば、リスボン戦略が掲げた就業率などの目標達成が危ぶまれる状況を受けて、欧州委員会は 2004 年からリスボン戦略の見直しに着手したが、その作業を依頼されたグループからは「リスボン戦略の目標実現のために成長と雇用の問題に主眼を置くべきである」と主張する報告書が出されたりした。ただ、そうした主張に対しては、EU 内の社会的結束・社会的包摂に関わる問題を担当する社会的保護委員会や外部の NGOなどから異論が出て、リスボン戦略の再出発にかかる結論文書では、3 つの持続可能性がバランスよくおさめられることになったとされている (濱口 [2006] pp.276–280)。

3 つの持続可能性重視の立場は欧州 2020 にも引き継がれていることはすでに指摘したように間違いないが、ただ 3 つの優先目標の言葉を別の側面から見るとすべてに成長という言葉がつけられていることにも留意すべきであろう。欧州 2020 が立案される直前の 2008 年に起きたリーマンショック以後の経済危機が、過去 10 年の経済成長や雇用創造の成果を帳消しにしたのみならず、EU が抱える成長率や就業率の低さといった構造的弱点をさらけ出すことになったとの状況認識が優先事項の 3 つすべての基底に成長を置くという考えをもたらしたといえるかもしれない (European Commission [2010] p.5)。そうした考えが包摂的成長の捉え方にも影を落としているとすれば、包摂的成長は成長と雇用を優先し社会的保護、社会的包摂を下位に置く考えを生む余地を残す言葉であるといえるであろう。

EU の政策の中で、包摂的発展との関連でもう 1 つ重要だと思われるのは、積極的包摂 (active inclusion) の政策である。この言葉が EU の文書において初めて登場したのは 2006 年であるが、その後 EU において貧困と社会的排除をなくしていくため鍵となる政策になっていく (石田 [2016])。具体的には、①十分な所得補助、②包摂的な労働市場、③質のよい社会サービスへの権利、といった 3 つの柱からなる包括的政策ミックスのことを指す。この政策では、労働市場への包摂を基軸におきつつも、所得補助や職業紹介、職業訓練などの雇用関連サービスのみならず、カウンセリング、健康管理、保育など福祉・社会サービスの供給も重視していることが重要である。こうした統合的、包括的な政策が必要とされるのは、この政策が主としてターゲットにしているのは「労働市場からもっとも離れた人々」あるいは「就業にもっとも困難な人々」であるからである。この積極的包摂の考え方は、基本的な潜在能力が奪われた状態を貧困と見なし、潜在能力を拡充させることを福祉と捉えるセンの思想を基礎に置く包摂的発展の考え方と通底するところがあるといえよう。

さて、本章では本書のキーワードである包摂的発展の意味を探るために、まず経済「発展」の概念と経済「成長」を対比し、後者が物質的な豊かさを量的に把握する概念であるのに対して前者は健康や知識、環境など人間生活の質的側面も視野に入れた概念であることあきらかにした。発展の概念に込められたそうした意味内容は、国連開発計画 (UNDP) が毎年公表している人間開発指数や 2000 年の国連ミレニアムサミットで打ち出されたミレニアム開発目標 (MDGs) や 2015 年の国連総会で採択された持続可能な開発目標 (SDGs) へと発展していっていることにも注目した。次いで包摂的発展の概念を EU における 2011 年から 2020 年までの長期的な経済社会戦略において重要な位置を占める包摂的成長の概念と比較しながら、両者とも社会において排除された人々を社会の一員として包摂することを重視することにおいて同一の立場にあり、その点で自己責任の観点から排除された人々を放置しがちな新自由主義の立場とは異なることを確認した。しかし、EU の包摂的成長の戦略は、その具体化の過程において、量的な経済成長と雇用の拡大に重きが置かれるあまり社会的包摂という視点が後景に退く場合があることから、労働市場から遠く離れるなど社会的包摂において最も困難を抱える人々の立場を第一義的に重視する包摂的

発展の戦略との間には乖離が生じることもあきらかにした。

　ただ、以上のような包摂的発展と包摂的成長の対比の仕方に関しては、筆者の専門分野である福祉・雇用政策の観点からのまとめ方になっているきらいがある。先に記したように LORC における社会的持続性から社会的包摂そして包摂的発展へといった研究の発展は主として都市・地域政策の分野における議論の積み重ねを通じて辿り着いたものである。最近では、福祉・雇用政策の分野においても、社会的包摂を実現する共生の場に関して、就労、雇用を重視しつつも家族やさらに居住をも視野に入れて考えることが重要であるとされてきている (宮本 [2017])。本書を含めて今後の LORC の研究における鍵となる包摂的発展の概念の研究においても、都市・地域政策の観点と福祉・雇用政策の観点を統合していくことが必要である。

3　本書の概要

次章以降の概要は以下の通りである。

- 第 1 章「包容力の醸成を目指す都市デザイン」(阿部大輔)

　長らくの間、土地の経済的ポテンシャルの最大化に注力してきた都市計画であるが、人口減少・財政困難期・社会的格差増大期にある今後は、都市間の経済競争といった側面だけでなく、社会的弱者を包み込むような都市の「包容力」を備えていく方向にその姿を大きくシフトしていかなければならない。社会的包摂と空間再生の連動、すなわちアーバンデザインの福祉政策化の可能性を論じる。

- 第 2 章「地域再生プロセスにみる包摂的発展」(的場信敬)

　2013 年に財政破綻したアメリカ・デトロイト市では、急速なダウンタウンの再生や、参加型将来ビジョン「Detroit Future City」の策定、都市農園による市街地活性化「RecoveryPark」の取り組み、といったさまざまな都市再生プロセスが進行している。これらの取り組みを、「包摂的発展」概念を分析軸として評価するとともに、その概念の今日的意義を検討する。

3 本書の概要 13

- 第3章「ローカルファイナンスが拓く包摂型社会」(深尾昌峰)

    地域社会が包摂型社会を実現していく上で、中核となる社会的事業の担い手は決して自治体や非営利組織だけではない。中小企業を含む地域の多様な主体が担い手として期待されているが、それらを育むエコシステムは存在しない。そのため、寄付や社会的投資を中心に地域の新たな資金循環を「ローカルファイナンス」としてとらえ、それらが地域主体の行動変容をどう起こしていくのかを考察する。

- 第4章「包摂的発展に向けての人材育成」(石田徹)

    包摂的発展というアプローチの意義を社会的包摂・社会的投資というポスト福祉国家の政策パラダイムと関連させて深めつつ、LORC が地域公共人材の能力と概念化した〈つなぎ・ひきだす〉能力をポスト福祉国家において重視される汎用的能力の一種としてのソーシャル・スキルとして捉え返しながら、その能力をいかに育成すべきかを考察する。

- 第5章「職業的意義を有する大学教育の課題」(大田直史)

    LORC 第2班ユニット2では、人文社会科学系大学において学生に修得させるべき資質や能力を「ソーシャル・スキル」を手がかりに検討してきたが、それはなお汎用的な資質や能力であった。「地域公共人材」に求められる資質・能力の要素としては、それらに加えてその具体的な職業と関連ある専門・分野に関する体系的知識・技術の修得を必要とし、そのためには学問による職業準備教育の再構築を必要とする。

- 第6章「限界都市化に抗する共感型コミュティの必要性」(久保友美)

    日本では、限界都市化が進行している地域が多い。地域を支えていくためには、まちづくりに関わってこなかった人々、特に若い世代の関わりが重要となる。そのためには、「共感性の高いコミュニティ」が求められる。京丹後市大宮町での Community Based Learning を事例に共感性の高いコミュニティとはどのようなものなのかについて考察する。

- 第7章「〈つなぎ・ひきだし・うみだす〉ためのコミュニケーションデザイン」(村田和代)

    LORC で研究を進めてきた地域公共人材に求められる〈つなぎ・ひきだす〉能力や関係性をベースに、次の一歩 (実践) をうみだすためのエッセン

スを、クロスセクターの話し合い実践を通したコレクティブインパクト「渋谷をつなげる 30 人」を事例に、コミュニケーションデザインの観点から解明する。

- 終章「包摂的発展という選択」(白石克孝)
  人口減少と脱工業化に直面する日本の地方社会において、域外あるいは海外からの人口流入策は避けて通れない。LORC の各研究フェイズを貫いて通底する目的意識は、日本におけるローカルガバナンスとローカルレベルの持続可能性の追求にあった。直面する新しい状況をふまえて、包摂的発展を選択することの意義を論じる。

■参考文献

阿部大輔・的場信敬 [2013]、「はじめに：ソーシャル・サステイナビリティの視点」、阿部大輔・的場信敬編『地域空間の包容力と社会的持続性』、日本経済評論社、pp.1–9。

阿部大輔・的場信敬 [2014]、「包容力のある地域環境の形成 ── 社会的持続性の観点から」、白石克孝・石田徹編『持続可能な地域実現と大学の役割』、日本評論社、pp.61–74。

石田徹 [2016]、「積極的包摂と分権型ワークフェア・ガバナンス ── ポスト福祉国家とガバナンス改革」、石田徹・伊藤恭彦・上田道明編『ローカル・ガバナンスとデモクラシー ── 地方自治の新たなかたち』、法律文化社、pp.1–24。

櫻井あかね [2014]、「地域貢献型再生可能エネルギー事業の可能性」、白石克孝・石田徹編『持続可能な地域実現と大学の役割』、日本評論社、pp.209–228。

定松功 [2014]、「地域と大学が連携して発展するプロジェクト ── 亀岡カーボンマイナスプロジェクトの中にあるニーズとシーズの循環」、白石克孝・石田徹編『持続可能な地域実現と大学の役割』、日本評論社、pp.229–250。

白石克孝 [2014]、「地域社会変革インフラとしての大学」、白石克孝・石田徹編『持続可能な地域実現と大学の役割』、日本評論社、pp.2–17。

セン、アマルティア [2000]、『自由と経済開発』、石塚雅彦 (訳)、日本経済新聞社。

国立環境研究所 [2010]、「国等が策定する持続可能性指標 (SDI) のデータベース」(http://www.nies.go.jp/sdi-db/、2019 年 6 月 1 日最終閲覧)。

濱口桂一郎 [2006]、「EU における貧困と社会的排除に対する政策」、栃本一三郎・連合総合生活開発研究所 (編) 『積極的な最低生活保障の確立』、第一法規、pp.237–285。

的場信敬 [2012]、「社会的持続性のための地域公共政策 – コミュニティ・エンパワメントを志向するコミュニティーズファースト事業の分析」、『龍谷大学政策学論集』、第 2 巻第 1 号、pp.21–33。

的場信敬・阿部大輔 [2013]、「おわりに：地域空間の包容力を求めて」、阿部大輔・的場信敬編『地域空間の包容力と社会的持続性』、日本経済評論社、pp.277–281。

的場信敬・白石克孝・阿部大輔 [2017]、「地域レジリエンスを高める」、白石克孝・的場信敬・阿部大輔 (編)『連携アプローチによるローカルガバナンス —— 地域レジリエンス論の構築に向けて』、日本評論社、pp.238–253。

宮本太郎編 [2017]、『転げ落ちない社会 —— 困窮と孤立をふせぐ制度戦略』、勁草書房。

Dujon,V., Dillard, J., and Brennan, E.M., (eds.) [2013], *Social Sustainability : A Multilevel Approach to Social Inclusion*, New York: Routledge.

European Commission [2000], *Building an Inclusive Europe*, COM (2000) 79.

European Commissiom [2010], *Europe 2020: A strategy for smart, sustainable and inclusive growth*, COM (2010) 2020final.

（石田 徹）

第**1**章
包容力の醸成を目指す都市デザイン

　本章は、本格的な人口減少時代に突入したわが国において、成熟期の都市計画論の潮流と限界を整理し、縮小時代に都市計画が対処すべき問題群を明らかにするとともに、空間計画が果たせる役割について考察する。

1-1
都市問題の変容

　人口の増減は空間の変容を迫る。産業革命以降、様々な産業構造の変化を受けて、そのたびに都市の「かたち」は大きな思想的・空間的転換を遂げてきた。

　機械化による工業の発展と新たな交通手段の出現、交通網の発展が伝統的な都市空間を抜本的に変革することを予見していたスペインの土木技師イルデフォンソ・セルダは、バルセロナにおいて113m四方の敷地と幅員20mの街路を都市造成の基本ユニットに設定し、それを反復することで成長・拡大する都市のプロトタイプを示した。近代都市計画とは、パターンの反復による「都市の成長・拡大」を支える社会技術であった。

　都市計画は地域の潜在的な力を引き出すことで都市そのものの可能性を増大させ、既存の都市環境をより一層快適にするための社会技術である。長らくの間、土地利用の適正化を試みつつも結果的に規制緩和を繰り返し、土地の経済的ポテンシャルの最大化を後押しする存在となってきた都市計画であるが、か

つてのように白紙のキャンバスに都市を設計できるわけではなく、急速な人口減少、少子高齢化社会の到来、製造業の疲弊、という都市のあり方を根源から問い直さざるを得ない社会情勢が顕在化している現在、その姿を大きくシフトしていかなければならない。なぜなら、都市間の経済競争といった側面だけでなく、環境を次代に引き継ぎ、社会的弱者を包み込むような都市の「包容力」を備えていくこと、すなわち都市のレジリエンスが問われる時代にすでに私たちは突入しているからだ。

わたしたちは人口減少期・財政困難期・社会的格差増大期に生きている。人口が減少し、人口ピラミッドが大きく変化した。その形状はもはやピラミッド型ではなく、不安定な壺のようだ。人口が減少するのだから、空間にはヴォイド (= 空隙) が増加する。生産年齢人口 (15~64 歳) の構成比は 68.1% (1965 年)から 60.8% (2015 年) に縮小し、さらに 53.9% (2040 年)、51.6% (2060 年) まで下がることが予測されている (国立社会保障・人口問題研究所 [2017])。これは必然的に労働力の決定的な不足と税収の減少を意味する。経済力低下への懸念は、都市分野においても経済性を優先する政策となって現れてくる。都市空間に発現する諸問題が大きく様相を変えていくことが予想される。その際のキーワードはヴォイド (= 空隙) となるのではないだろうか。

(a)　空間的文脈におけるヴォイド

マクロ的に見れば、人口の減少は居住エリアが縮小していくことでもある。総務省による「我が国における総人口の長期的推移」は、現在、人が居住している地域の約 2 割が 2050 年までに無居住化すること、そして現在国土の約 5割に人が居住しているが、それが同じく 2050 年までに約 4 割にまで減少することを予測している。

ミクロ的には、空き家問題に代表されるように、既存の都市資源の多くが市場性を失い、やがて過剰化する。総務省の住宅・土地統計調査によれば、2018年の空き家の総数は 846 万戸に達し、空き家率も 13.6% と過去最高の数値を記録した。これは 20 世紀初頭には予見できなかった状況であり、したがって、都市空間を計画する技術にも抜本的な変革が求められてしかるべきである。饗庭 [2015] はわが国の既成市街地に空き家や空き地が細かくランダムに発生す

る現象を「都市のスポンジ化」と名付け、その処方箋を提示した。空間のヴォイドにどのような価値を見出し、あるいは新たな価値を付与し、都市のストックとして資源化していくかは、これから多くの都市において前提となる視座である。

(b) 経済的文脈におけるヴォイド

近代では、重厚長大産業が都市の空間形成論理を規定してきた。近代都市計画の主課題は、工場立地の促進であり、流入する工場労働者に対する住宅の供給であり、交通インフラの整備であった。脱工業化の現在、「都市」と伝統的に都市空間の形成論理に影響を与えてきた「産業」の関係が問われている。

伝統産業や地場産業の縮小も著しい。中小企業の体力も衰退する傾向にある。都市の縮小と産業の育成を統合的に政策化する試みが世界的に展開されてきたが、次世代を担う産業 (例えば IT 産業やテクノロジー、映像といった創造産業) の育成に成功している都市は決して多くない。年間を通じて安定的でなく、また災害や大事故といった都市が制御不可能な被害を受けやすいなど、産業としては脆弱である観光に近年大きな注目が集まっているのは、ひとえに都市を支える新たな産業としての期待への表れでもある。

(c) 社会的文脈におけるヴォイド

グローバリゼーションの進展は、社会階層の二極化を後押ししている。ここでは以下の 3 点を指摘しておきたい。

第一に、高齢者の割合が増加する中、単身高齢者の貧困化が進みつつある。65 歳以上の老年人口比率は 2040 年には総人口の 35.3% と占めることが予測されている。所得の 70% 近くを年金に依拠している高齢者世帯は、その約 40% が年収 200 万円未満である (2011 年厚生労働省『国民生活基礎調査』)。また、現在、高齢者の 1/7 が単身世帯であるが、この割合は今後も増加傾向にある。さらに、被保護単身高齢者世帯は年々増加傾向にある (厚生労働省『福祉行政報告例』)。

第二に、生涯未婚率が上昇する。50 歳時の生涯未婚率は 2035 年には男性で 29.0%、女性で 19.2% に達すると予測される (厚生労働省『平成 29 年度厚生労働白書』)。税・社会保障・企業福祉等の制度は、夫婦を含む家族世帯に有利な

構造となっており、無配偶者はあらゆる面で不利である。

　最後に、就職氷河期世代が高齢化・貧困化していく。2000年前後に大学を卒業したいわゆる就職氷河期世代は、非正規雇用が常態化した世代でもあり、収入や居住環境がきわめて不安定なまま、高齢化していく。「ひきこもり」の高齢化は社会問題として認識されつつあるが、非正規雇用の無配偶者がさらに増える可能性もある。

　社会を構成する市民としての基本的ニーズに程度の差はあるものの、格差社会への対応 (特に移動手段の確保と住宅供給) や福祉システムの設計とそれを支える空間の整備 (短期的には超高齢化するコミュニティのマネジメントや住宅の住み替え支援の仕組みなど) は現代都市が当面する大きな課題だ。阿部・的場 [2013] はこうした課題に対し、社会的持続可能性の観点から、生活の質、市民の福祉、社会的平等・公正等を支える政策の可能性について論じている。

1-2 都市をめぐるアジェンダの系譜

1-2-1　都市再生運動史

　持続可能な発展 (Sustainable Development) は、環境保全をめぐる世界的な共通目標であり続けている。

　1980〜90年代にかけて、モータリゼーションの進行とともに空洞化が深刻化した歴史的市街地、計画規制がなされることなくアド・ホックに郊外部に建設された大規模住宅団地、スプロールにより食いつぶされた自然環境、グローバリゼーションのもとでの産業構造の転換を受けて発生した大規模な工場跡地といった疲弊した都市の再生 (Urban Regeneration) が重要な課題となった。様々な都市の取り組みは、主に空間の観点から人間らしい環境を取り戻そうとする思想を根本に据えており、「都市のレコンキスタ (回復運動)」(CCCB [1999])や「都市のルネサンス」(宇沢弘文)、あるいは建築・都市計画分野から見た近代の見直し論の一環としての「都市再生運動」(阿部・的場 [2013]) とも表現される。

　こうした都市再生運動は、自動車中心の社会構造がもたらした都市の「非人間性」を問題視し、都市空間と人間生活の関係を再構築しようとした、まさに

「ルネサンス」的政策の展開でもあった。都市デザインの観点からは、公共空間の創出と住宅の修復を基軸に据えた歴史的環境の保全再生、公共交通の導入による自動車交通量の削減と歩行者空間の創出、郊外の衰退した大規模団地の再生、有効な土地利用コントロールによる自然環境の保全等の方法が世界共通のボキャブラリーとして定着していく。

1-2-2　リバビリティ**Livability**の追求

サステイナブルな都市環境づくりとは、リバビリティ(暮らしやすさ)を備えた都市づくりである(東京大学 cSUR-SSD 研究会 [2007])。

EU のコンパクト・シティ論は「高密度居住」「多様性と混合用途」「ヒューマンスケールな都市空間」をそのイメージとするまちなかの存在抜きには語れない。主に英国で実践されたアーバン・ビレッジは、刺激に満ちた都市生活を享受しながらも、その中にかつての村落が有していた人間的なコミュニティ生活を回復させようとするものであり、「多様な都市機能」「複合的な用途」「多様な住宅タイプ、様々な社会階層の共生」「公共交通と歩行者・自転車利用の優先」「場所の感覚・質の高い公共空間」「各段階での地域コミュニティの参加」「サステイナブル・コミュニティの実現」の 7 原則を掲げている (Neal ed. [2003])。アメリカで定着したニュー・アーバニズムは、①公共交通指向型開発 (Transit-Oriented Development; TOD) によるコンパクトな市街地形成、②歩行者主体の複合的なコミュニティの創出、③ヒューマンスケールの建築・都市空間といった都市デザイン手法を採用する。

1-2-3　**EU** における都市レベルの政策の潮流：「競争力強化」と「社会的包摂」

(a)　社会的環境の再生：排除から包摂へ

EU は 1990 年の「都市環境緑書」(Green Paper on the Urban Environment) 以降、数多くの調査研究を行い、衰退した地域の再生に向けた各種のプログラムを構築し、欧州諸都市の再生を後押しした。市場原理では再整備が容易には進まない疲弊した市街地の再生に向けて、59 都市を対象とした UPP (第 I 期：1989〜1993 年、第 II 期： 1995〜1999 年)、188 都市を対象とした URBAN (第 I 期： 1994〜1999 年、第 II 期： 2000〜2006 年)、そして 2000 年以降の

東欧諸国の参入を踏まえた都市政策ネットワーク URBACT がプログラム化されてきた (第 I 期 : 2002〜2006 年、第 II 期 : 2007〜2013 年、第 III 期 : 2014〜2020 年)。

当初、都市・地域政策におけるサステイナビリティは、郊外部へのスプロールや緑地の喪失などの自然環境問題への対処を中心とする概念であったが、次第に、地域の諸アクターによる主体的な創意工夫を原動力として地域に根ざしたボトムアップ型の内発的な経済発展、衰退した工場跡地や中心市街地の再生、拡大する地域間の格差の是正など、環境にとどまらない多様な課題を併せ持つ概念に変化してきている。

概念拡大のひとつのきっかけが、1994 年のオールボー憲章 (Charter of European Cities & Towns Towards Sustainability) の採択であった。EU の統合に起因する高い失業率や社会階層の分化を問題視し、環境保全、経済発展に加えて、改めて社会的持続性 (生活の質、市民の福祉、社会的平等・公正など) の実現を検討する必要性を指摘した。基礎自治体間の交流を促進するサステイナブル都市キャンペーンが展開されていく中、EU の都市政策の専門家グループは 1996 年にサステイナブル都市報告書 (European Sustainable Cities) を取りまとめ、欧州の文脈を踏まえながら、あるべき都市空間の未来像を描いていく。翌 1997 年には『都市アジェンダに向けて』(Toward an Urban Agenda in the European Union) と題した報告書が公表され、都市・地域政策を通じた「経済競争力向上」と「雇用創出」の必要性が確認された。

2000 年のリスボン戦略は、それまでの空間の再生を通した人間生活の再生を謳った「アーバン・ルネッサンス」から、「競争力強化」と「社会的結束」を優先課題として位置づけた。同年から開始された URBAN II は、①競争力の強化、②社会的排除への対抗、③物的・環境的再生、を主題に設定している (EC-Regional Policy [2003])。ほぼ同時期に出版され、イギリスの都市政策の基礎にサステイナビリティを位置づけた *Sustainable Communities : Building for the Future* は、5 つの重要な要素として「社会的結束・包摂」「自然環境の保護と強化」「自然資源の慎重な利用」「持続可能な経済成長」「開発計画におけるサステイナブル・デベロップメントの統合」を掲げている (ODPM [2005])。

このように、EU レベルでは、1990 年代後半から継続的に社会的包摂の重要

性に言及されてきた。その姿勢は、UPP や URBAN といった都市再生事業の対象地が「開発ポテンシャルの高さ」ではなく「自力では再生が困難な社会的に衰退した地域」を基準に選定されたことからも明らかであろう。

衰退地域の社会的統合の問題は、換言すればそこに住まう社会的弱者の再生の問題である。とりわけ、増え続ける移民との共生の問題がある。欧州において、社会のこれまでの構築や今後の発展を移民に負っていない都市は稀であるから、移民の社会的統合はどこでも重要な課題であり続けている (宮島 [2009])。1992 年に「連帯のヨーロッパへ ── 社会的排除との闘いを強化し、統合を促進する」と題された文書が採択された後、1999 年にアムステルダム条約が発効し、EU レベルでの移民政策は形をとるようになってきた。EU レベルでの最新の都市政策プログラムである URBACT の第 III 期 (2014〜2020 年)では、大テーマとして「統合的都市政策」、「環境」、「ガバナンス」、「包摂」、「経済」を設定している。例えば具体的なネットワークである URBinclusion では、移民に代表される社会的弱者の雇用促進やキャパシティ・ビルディング、健康、住宅の確保に向けた様々なアプローチが図られている。

(b) ブリストル協定と「サステイナブル・コミュニティ」

『都市アジェンダに向けて』に続いて発表された『EU における持続可能な都市の発展 ── 行動のフレームワーク』(Urban Sustainable Development in the EU: A Framework for Action) は、①経済的繁栄と雇用の強化、②平等・社会的包摂・コミュニティ再生の促進、③都市環境の保全・改善、④良好な都市のガバナンスと地域のエンパワーメントへの寄与の 4 点を基本的枠組みとしており、「環境」「経済」「社会」の統合的取り組みが進むことで、地域レベルでのガバナンスが進むという発想に立っていた (白石 [2005])。

2005 年のブリストル協定 (Bristol Accord) は「サステイナブル・コミュニティ」の考え方を打ち出し、都市再生の環境的側面や経済的側面に特化した政策から、より統合的な地域再生への志向を明確にする。ブリストル協定では、「現在および将来にわたって人々が住み、働き続けたいと思う」ことに加え、「現在および将来の居住者の様々な要求に応え、環境に配慮し、高い生活の質に貢献」し、「安全かつ包括的であり、よく計画・建設・運営され、全員に対

して平等な機会および良質なサービスを提供する」場所を、「サステイナブル・コミュニティ」と定義した。そして持続可能なコミュニティを創出するための前提条件として、「経済成長」「社会的包摂および社会正義」「都市の役割」等を指摘し、サステイナブル・コミュニティが有するべき重要な点として、以下の8側面を挙げる (ODPM [2005])。

- 活発で、包括的、安全であること：地域の強い文化および共通のコミュニティ活動を背景に、公平で寛容、団結力に満ちている
- 充分にマネジメントされていること：効果的かつ包括的な参加・説明・リーダーシップとともに
- 連結されていること：人々が職場・学校・保健やその他のサービス施設に行くことを可能とする、優れた交通およびコミュニケーションサービスがある
- よいサービスが提供されること：人々のニーズに応じるとともに全員がアクセス可能な公共・民間・ボランティアのサービスがある
- 環境に配慮していること：環境を十分に配慮した居住地を人々に提供している
- 繁栄していること：活発で多様、創造力に富む地域経済がある
- 優れたデザインがなされていること：質の高い空間と自然環境がある
- 全員に対して公平であること

国によって取り組みの濃淡は異なるものの、現在のEUレベルの代表的な都市政策であるURBACTの多様化を見れば明らかなように、ブリストル協定が示した上記の8点は、依然として重要な政策課題であり続けている。

1-2-4 ポスト都市再生時代の新たな課題:住宅問題を例に

都市再生の成功は、そこに住まう人々の生活の質を大いに改善した一方、都市問題の質を変えることにもなった。近年の都市間競争や観光産業の発展は、新たな都市内格差の拡大をもたらしている。

都心では、積極的な観光地区化が促進され、都市のマーケティングやブランディングが進んだ結果、ジェントリフィケーションによる地域の社会構造の変質や行き過ぎた観光地化(オーバーツーリズム)が発生しつつある。一方、周縁

部では、充分な投資がなされず、地区内の経済活動も停滞する傾向にある。経済力に劣る単身高齢者や単親世帯、失業者等の社会的弱者が相対的に多く住む停滞した地区へと変容しつつある。

　また、近年の厳しい財政下において、公共インフラ運営に経営的視点を持ち込み、商業機能を有効に活用しながら地区の再生に寄与する「稼ぐインフラ」(木下 [2015]) や、空き家再生等に経済的視点を持ち込み、エリア価値の向上を図る「リノベーションまちづくり」(清水 [2014]) など、着実な経済性の確保が都市政策の大前提になりつつある。これら、様々なアクターを巻き込みつつ、わが国におけるまちづくりに経済的持続性を持ち込み、定着させた点で、特筆すべき意義深い取り組みであると言える。一方で、行政がこうした流れに積極的に同調する姿勢を強めていくと、例えば住宅保障のような経済性を持たない事業が置き去りにされてしまう危険性も浮上しよう。

　住宅問題を例に取ろう。住宅困窮者の増加は今後避けて通れない問題である。住宅セーフティネットのひとつである公営住宅は、入居有資格者数が約541万世帯であるにも関わらず、募集戸数は約 9.7 万戸と約 2 割にとどまっており、住戸が圧倒的に不足している (国土交通省 [2010])。加えて、入居有資格者は、「高齢」「障害」「母子」などのカテゴリーに合致する世帯に限定されている。多くの住宅困窮者は、従来の住宅セーフティネットの枠組みから零れ落ちている構図がある。生活が困窮しているにも関わらず、民間借家に住み、高い家賃を支払っている世帯は多い (平山 [2009])。

　戦後の日本の住宅政策は、持家社会を前提に組み立てられたものである (平山、前掲書)。よって、住宅政策の中心は中間層への持家取得への支援に集中するようになった。一方、1990 年半ばから、住宅保障を縮小する政策が採られようになった。市場経済の中で住宅を確保できない世帯も存在するため、住宅セーフティネットを整備する必要がある。しかし、政府は住宅セーフティネットを限定する政策を採っている。また、空家等対策の推進に関する特別措置法の全面施行 (2015) など空き家対策が進む一方で、マンションの老朽化や空き室の増加が懸念されている (日本経済新聞 2018/09/27)。

　こうした住宅セーフティネットの矛盾が深まれば、都市の包容力は徐々に低下していく危険性がある。都市の包容力とは、都市に住む全ての人々の基本的

なニーズの満足度である。社会的弱者を包摂していくことが、都市の包容力を向上させていく (阿部・的場 [2013])。しかし、住宅保障の縮小は、住宅困窮者を生み出し、人々の生活の質を低下させかねない。

EU の『都市アジェンダに向けて』(1997) では、社会的排除が進行すれば都市経済の足枷となり、都市全体の競争力低下につながりうるとされた (岡部 [2003])。住宅困窮者がさらに増加することで、かえって社会保障費が増大し、都市発展のための費用を縮小せざるを得ないからだ。社会的排除の問題は、福祉問題の範囲を超えた都市全体に影響を及ぼす課題になってきている。

1-2-5　レジリエンスの追求：包摂的発展へ

OECD による報告書 Resilient Cities [2016] では、レジリエントな都市を「持続可能な成長、幸福度、包括的成長を確保するために、ショックを吸収し、新しい情況に適応し、自身を変革し、将来のストレスやショックに備える能力を有する都市」と定義した。その実現に向けて従来の市場対立型の規制的都市計画あるいは市場融和型の緩和型都市計画から、プレーヤーの反応を読み込んだ市場調和型の戦略的都市計画へとその姿を最適化して行く必要は自明である。

とはいえ、都市計画は単なる経済成長のモーターではない。都市構造を再編することで都市生活をより生き生きとさせたり、公共空間を新たに生み出したりそれらをつないだりすることで人の流れを大きく変える存在であったりするのだから、単なる経済成長のモーターとしてではなく、有事の際にこそハード・ソフトの両方で市民にとってのセーフティネットとして機能する存在であるべきだろう。その都市に住まう人々の QOL を大きく改善するというミッションを改めて議論の俎上に載せるべきだが、量的充足を達成した現在、都市計画は全市民を対象に質的充足を達成する際に不可欠な社会技術として再布置される必要がある。

SDGs の基底をなす「包摂的発展」(Inclusive Development) は、「誰ひとり取り残さず、成長の成果を社会の構成員すべてが公正に享受できるようにする」という考え方である。持続可能な発展から始まる一連の世界共通目標としての環境の捉え方を発展させたものと位置付けられよう。「包摂的」との用語

には様々な定義が可能だろうが、経済成長を大前提にその恩恵をいかに再配分していくかという観点だけでなく、exclusive な状態にある社会の姿を真摯に捉え、政策の対象に位置付けていく観点こそが重要となろう。

1-3 都市を計画・デザインする営為の思想と手法の変化

1-3-1 マスタープランは必要か?

わが国において、マスタープラン不要論が指摘されてから久しい。具体的には、「20 年後/40 年後を想定することはできるのか?」「ビジョンは必要か?」「眼前の問題が解かれたり、改善されたりするので十分ではないか?」といった問いかけが様々な機会において投げかけられてきた。

蓑原ら [2014] が指摘するように、マスタープランの「抽象性」(実際の規制や各種施策に落とし込む際には何とでも読めるようになっている、縮尺のないダイアグラム的な抽象的な計画にとどまっている等)、そしてマスタープランの「不可逆性」(逆に過度に都市計画の機動的な変更を妨げる硬直的な計画となっている) の問題から、どの都市でも描かれるような政策ツールであるにもかかわらず、実質的には信頼を寄せられていない、という奇妙な状況が続いている。

従来型のアーバンデザイン、すなわち都市構造全体の再編や土地利用計画の再編といった目的を設定する、道路・インフラ計画主体の量的充足を主眼に置いたマスタープラン型事業スキームとは異なり、より身近な空間の改善を確実に実行し日常生活の質的な向上を志向し続ける「市民に近いツール」となる必要がある。つまり都市計画は、文化的資源の活用や創造的人材の集積、小さな再生の積み重ねと面的な連鎖などによって、物的な都市空間のみならず都市の社会空間を改善していく流れへとそのベクトルを変化させているのだ。

1-3-2 シビルミニマムとしての都市計画

都市計画法第二条は、「… 農林漁業との健全な調和を図りつつ、健康で文化的な都市生活および及び機能的な都市活動を確保すべきこと並びにこのためには適正な制限のもとに土地の合的な利用が図られるべきこと」を都市計画の基

本理念として定めている。条文の後段に記されているのがいわゆる土地利用計画であるが、ここで筆者の注意をひくのが前段の表現である。まず、農林漁業との健全な調和を視野に入れなければならないことを明記していること。この点は、いまだ都市計画が果たせていない (あるいは注力してこなかった) 大きな課題のままである。次に、都市的 (衛生的・文化的・機能的) な生活の質を「確保すべき」と表していること。この表現には、積極的に将来を展望するというよりはむしろ、やるべきことを過不足なく遂行するという禁欲的なニュアンスが滲む。つまり、わが国の都市計画の役割は、市民の最低限の都市生活を保障するという、古典的なシビルミニマムの実現であった。では、これからの都市計画もシビルミニマムの実現に留まってよいのだろうか。そうではないだろう。

　そもそも都市計画は、市場原理に委ねたままでは解決が容易ではないような問題 (例えは社会的弱者の包摂や行き過ぎた観光地化、ジェントリフィケーションへの対応) に応じることを第一義的役割とするものである。一方では、地域資源の発掘を後押しし潜在的な魅力を引き出したり、新たな魅力を付与したりすることで、都市そのものの可能性を増大させていく役割も改めて認識されなければならない。その際、有効なツールとなるはずなのが、都市の将来のビジョンづくりとそれを踏まえた新たな形のマスタープラン (あるいはマスターコンセプト) ではないだろうか。

1-3-3　漸進主義的マスタープランへ

　わが国において、マスタープラン不要論が指摘されてから久しい。具体的には、「20年後／40年後を想定することはできるのか?」「ビジョンは必要か?」「眼前の問題が解かれたり、改善されたりするので十分ではないか?」といった問いかけが様々な機会において投げかけられてきた。

　都市計画は「言葉 (＝制度)」と「空間 (＝物理的対象)」で将来を構想し、実現に向けた論理をつむいでいく営為である。都市計画の古典的教科書『都市計画』(共立出版、初版1977年) の著者、日笠端によれば、都市計画とは「都市というスケールの地域を対象とし、将来の目標に従って、経済的、社会的活動を安全に、快適に、能率的に遂行せしめるために、おのおのの要求される

空間を平面的、立体的に調整して、土地の利用と施設の配置と規模を想定し、これらを独自の論理によって組成し、その実現をはかる技術」(下線筆者) である。古いテキストではあるが、この定義は都市計画が果たすべき役割について現在においても大いに議論を喚起させる。現代的な関心から、この定義に言及してみよう。

① 都市というスケールの地域を対象：都市化が完了し成熟期を迎えた現在、計画単位としてどの程度のスケールを想定するべきか?

② 将来の目標に従って：まずビジョンありき、は正しいか?そもそも、将来の目標を立てることは可能か? あるいは有効か?

③ 空間を平面的、立体的に調整：都市の社会空間的キャパシティをどのように把握していくか?

④ 土地の利用と施設の配置と規模を想定：すでに決定された土地利用や建設された施設をどのようにリ・デザインしていくか?

⑤ 独自の論理によって組成：科学的でより客観的な「論理性」を追求するのではなく、確固たる歴史的視座に基づいて、どのような言葉と空間で未来の生活空間を語るのか?

都市計画は言葉と空間で過去から現在へのコンテクストを掘り出し、将来のビジョンを定め、「都市」という共同体に住まうわたしたちのダイアローグを引き出す存在であるべきだ。都市を巡るダイアローグは、当然ながら将来への眼差しを含む。都市を考えることは、都市の未来がどのようになるべきかというビジョンの構築から逃れることはできない。

一般的に自治体の都市マスタープランは、10〜20 年後の都市を想定して策定される。そこで示されるのは都市の将来的な目標像であり、それを実現するための基本方針である。つまり、将来都市のビジョンを最大の根拠に、マスタープランは各種政策へとそれを細かくブレークダウンされる論理構造を有している。もしビジョン構築に欠陥があったならば、末端に届く政策もまた、欠陥を含んだものとならざるを得ない。

こうした限界を克服すべく、各国で様々な試みが展開されてきた。筆者の良く知るバルセロナ (スペイン) をはじめとするラテン系諸国では、主に 1980 年代後半から「漸進主義的マスタープラン」という考え方が定着している。ビ

ジョンを固定的に示すのではなく、地区ごと、時代ごとのコミュニティの現実に即して漸進的にプランニングを進めていく、という方法である。抽象的なプランではなく、建築単体の事業に留まることもない、中短期のスパンで実現されうる都市レベルの事業を盛り込むアプローチで、都市再生を図る。徹底しているのは、界隈レベルのニーズから開始することである。都市は局地的な課題が集積する総体なので、まずは界隈の抱える現実的な問題解決から着手し、一定の成果を収めてから都市全体との接続を考える、というのが基盤にある考え方である。

1-3-4 プロジェクトを束ねる「マスターコンセプト」という空間的技法

　もちろんこれは、論理的にはやや曖昧な、折衷的アプローチであることは否めない。よい断片を重ねていけば、よい全体ができるというわけではないからである。例えば建築単体や機能単体でスポット的にベター／ベストな事業を積み重ねていったからといって、総和としての都市空間がベター／ベストなものとはならず、むしろ全体性の欠如によりちぐはぐな空間となって表出している例は、洋の東西を問わず多数存在している。すなわち、これからの都市に必要なのは、「部分が全体を構築する」ことによって創造される価値を示すビジョンづくりであると考えられる。

　このベクトルの変化は、小さな再生の積み重ね事例として全国中で見いだすことができる。人口減少・財政困難・社会的格差増大期にある今後は、市街地や施設の集約化や効率化が都市のテーマとならざるを得ない。そして、こうした小さな再生の連鎖こそが地域を再生していくという理解が徐々に浸透しつつある。一方でその実現のためには、新たなマスターコンセプト／フレームワークが不可欠となろう。多様な取り組みはそれが多様であるがゆえに方向性(ビジョン)を見失いやすい。官民問わず多様な主体が動かす計画や開発事業を束ね、ある程度の方向性を統合する、マスターコンセプト(あるいはプランより弾力性に富むフレームワーク)が求められている。このマスターコンセプトを軸として、空間利用の相互調整と最適化を行うことが、持続可能な都市の空間構成を実現するための重要な視点となる

　マスターコンセプトという無理のないビジョンを共有することができれば、よい断片はよい全体を構築 "しうる"、とも言えるだろう。

1-3-5 計画論の変化：戦略から戦術へ

　サステイナブルな都市環境の実現が長らくの課題となってきた現代都市において、都市政策が「統合的」(integral)・「包括的」(inclusive)・「相互作用的」(interactive) であることが重要となろう。すなわち、従来の物的環境整備中心の既成市街地の再生政策を脱却し、社会的にバランスの取れた都市や地区を再生するために、地区内外のアクセシビリティや低廉住宅を整備し、コミュニティの参加や協働を支援し地域のソーシャル・キャピタルを高める統合的なプログラムを構築し、より持続的な都市マネジメントに取り組む必要がある。

　そうした中、従来型のアーバンデザイン、すなわち、都市構造全体の再編や土地利用計画の有効な再編といった目的を設定し、マスタープラン型の事業スキームで展開していくアーバンデザインとは異なり、都市の再生を文化的資源の活用や創造的人材の集積、小さな再生の積み重ねと面的な連鎖、によって実現していこうとする流れへとそのベクトルを変化させている。

　20世紀の都市が「戦略的(＝ストラテジック)」にトップダウンで自動車中心社会や単一機能の市街地をつくり続けたのに対し、近年ではより身近な生活空間から「戦術的(＝タクティカル)」に都市を変えていく動きが生まれている。アメリカでタクティカル・アーバニズムと呼ばれる運動である。

　タクティカル・アーバニズムに厳密な定義があるわけではないが、都市空間を市民が自らの手で生活に必要な空間へと変えていくボトムアップ運動であると理解することができる。ただそれはまちづくり運動のように長いスパンを視野に入れているというよりはむしろ、現場で俊敏に実践的に眼前の空間を変貌させ、日常の中にちょっとした気づきの空間をもたらすという、一種のアート・インスタレーションの効果も併せ持つ。例えば2008年にバルセロナ現代文化センターで開催された「Post-it City」展は商業、政治、レジャーなど、自律的に立ち上がる公共空間の一時的な占拠の事例が90カ国から集められた。計画や事業のように長期的視点や事業的視点を強く持つわけではないという点で戦略的ではなく、何気ない日常空間を敏速に変えて見せ、その後の都市のあり方に示唆を与える、という点で戦術的なのである (阿部 [2018])。

1-4
都市デザインの現代的潮流

最新の都市デザインの教科書である『アーバンデザイン講座』(前田英寿ら編 [2018]) から、いくつかの現代的潮流を紹介する。

1-4-1 プレイスメイキング

建築的に美しい都市空間もそれが人々に利用されたり、そこで様々な活動が生まれたりしていることで初めて場 (place) として固有の価値を有することになる。都市デザインはそうした場を創造し、マネジメントするプロセスである。建築的に設計された、あるいはすでに存在する「スペース (space)」を、その利用を通して日常生活の場としての「プレイス」へと変えていく営為をプレイスメイキングという。

プレイスメイキングは都市空間に視覚的・審美的な価値を付与するアーバンデザインの伝統と都市空間を利用や活動の観点から評価しようとするアーバンデザインへのアプローチの統合であり、都市空間がその利用を通して固有の「場所性」(sense of place/その場所らしさ) を獲得することである。アーバンデザインを通して、そこで生活する人間と空間の関係性を強化することでもある。単に都市空間の要素の一つとして街路に焦点を当てるのではなく、街路と人間の関係を通して、公共空間の社会的な価値、文化的な価値を創出することに主眼がある。

ニューヨークを拠点とする NPO 組織 Project for Public Space (PPS) は、プレイスメイキングの具体的な手法として「Power of 10+」を提唱している (図 1.1)。

これは、ある都市には 10 の重要なエリア (例えば公園) があり、さらにそのエリアの中には 10 の重要な場所があり、それぞれの場所では 10 の心地よいアクティビティが生まれているべきであるとする考え方である。換言すれば、座る、物思いに耽る、遊び場を楽しむ、芸術に触れる、音楽を聴く、食べる、人に会うといったような、人々がその場所にいるさまざまな理由があるときに、その場所は場所らしさを獲得している、という考え方である (図 1.2)。設計者側からの論理ではなく、エンドユーザーである市民による「つかう」発想から

第 1 章 包容力の醸成を目指す都市デザイン

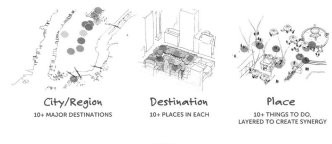

図 1.1

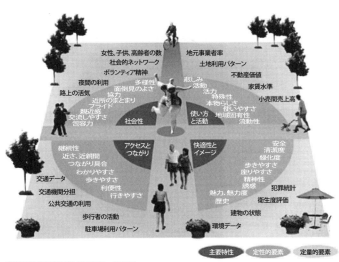

図 1.2

改めてその場を「つくり」、その場に「愛着」を生む仕掛けである。

　近年のプレイスメイキングの取り組みには、豊かな日常生活 (パブリック・ライフ) を生む質の高い公共空間 (パブリックスペース) の回復や創出が強く意識されている。以下、プレイスメイキングの具体的な手法について紹介する。

1-4-2　道路空間の再配分

　道路空間の再配分とは、従来自動車交通の移動空間であり、歩行者の観点はほぼ不在であった幹線道路等の道路空間において、地域の道路を面的に俯瞰して、道路ごとに誰が主役なのかを明確にし、限られた道路空間を有効活用するべく、用途に応じて面積を再配分することである。端的には、これまで自動車が主役だった道路において、自動車の交通空間を削減し、歩行者や自転車の移動空間を増加させることで、より歩きやすい空間を実現することである。

(a)　ニューヨークの広場プログラム

　ブロードウェイミュージカルのある観光地でもあるタイムズ・スクエア。グリッド市街地の中を、旧来の街道を下敷きにした道路が斜めに縦断していることもあり、交差点が複雑で、車対人の事故が多いことが問題となってきた。現在は、街区に対して斜めに走る道路を広場にすることで安全性が上がり、また、にぎわいを創出している。まさに道路空間の公共空間化が実現されている。

　ニューヨークにおける公共空間の「大転換」のポイントとなったひとつが、ブルームバーグ市政によるオリンピック 2012 招致運動 (1997〜2005) であった。その中で精力的に展開されたのがプレイスメイキング実験である。「Lighter, Quicker, Cheaper (簡単に、素早く、安価に)」をモットーに、道路空間を広場化する実験が市内各所で展開された (図 1.3、図 1.4)。ニューヨークでは、「戦略」(ストラテジー) を都市構造の転換を視野に置いた総合的・長期的な計画手段であると位置づける一方、プレイスメイキング実験をアーバンデザインの「戦術」(タクティクス)、つまり場所の再生・創造を目的とする具体的・実践的な計画手段であるとした。

(b)　京都市四条通の車道削減と歩道拡幅

　四条通を中心とする歴史的都心地区 (四条通、河原町通、御池通、烏丸通で囲まれたエリア) は 10 の商店街が立地し、多くの魅力的な店舗が集積してお

図 1.3

図 1.4

り、連日多くの買い物客が訪れる京都を代表する商業地域である。京都市全体の活性化のためには、歴史的都心地区の活性化が不可欠であることから、京都市は 2006 年から「歩いて楽しいまちなか戦略」を推進し、その中核事業として四条通の歩道拡幅と公共交通優先化を進めた。

　烏丸通から川端通を走る 1,120m、幅員 22m の四条通において、(1) 歩道の拡幅 (駐停車車両によりほとんど機能していない歩道側車線のスペースを活用し、歩道を拡幅する。車道は 4 車線幅員 15m から 2 車線幅員 9m に、歩道は幅員 3.5m から 6.5m に変更)、(2) テラス型バス停の設置 (従前は 16 か所に分散していたバス停を 4 か所に集約)、(3) 沿道アクセススペースの確保 (物流車

両等の一時的な停車を可能とするスペースを15か所32台分整備)、を実施し、2015年10月に完成を迎えた(図1.5)。

図 1.5

1-4-3　インフラ空間の再価値化

(a)　オープンカフェ

　公共が管理する道路は、私たち市民にとって身近な公共空間でもある。そうした道路空間を活用し、路上イベントの実施やオープンカフェの設置を図る動きも近年高まっている(図1.6)。地域の活性化や都市における賑わいの創出に寄与し、民間のビジネスチャンスにもつながる道路占用については、道路管理者による道路占用許可の弾力的な運用が求められよう。

　オープンカフェは、(1) 賑わいの創出 (道路空間に人間が滞留することで、「賑やかな空間」になり、エリアとしての魅力が増す)、(2) 回遊性の向上 (歩き疲れた時に休憩できる施設があり、そうした施設が連鎖的に配置されていると、さらに遠くまで歩くようになる)、(3) 街路景観の向上 (1階平面の、人間が直接目にする部分に活動が生まれることで、景観に意味が出る。また、見る対象である広場の中に腰を下ろすことで、自らが見られる対象、すなわち景観の一部になる)、(4) 公共資産の有効活用による歳入増 (公共空間の管理者である自治体は、今までお金(フロー)を生み出さなかった土地(ストック)から現

図 1.6

金収入を得ることができる)、といった効果が見込まれる。

近年では、公園の有効利用の一環としてカフェを設置し、より親しみやすい空間づくりを展開する動きが盛んである。これまでは都市公園法等により、営利活動が制限されてきたが、より上位の計画 (中心市街地活性化基本計画等) において当該公園を重要拠点と位置付けることで事業の公益性を確保し、多様な活動が生まれる工夫がなされつつある。

(b) パークレット

パークレットとは、車道 (停車帯) などにウッドデッキを敷き、憩いや賑わいの場を創出することである (図1.7)。サンフランシスコを発祥とし、現在では世界各地で取り組みが展開されている。道路空間の再配分にもつながる考え方で、自動車空間を歩行者中心の空間へと段階的に再整備していくひとつのプロセスでもある。市民ニーズや地域課題に対応するために、道路の利用環境や周辺の土地利用状況を十分に分析し、「交通機能の最適化」と「空間機能の向上」を図ることで、道路から「暮らしの豊かさ」を感じられる公共空間の整備を図るものである。複数回の社会実験を経て実施に至ることが多い。国内の先進事例として神戸市がある。

図 1.7

(c) 水都大阪

大阪は、水運に支えられて経済と文化の中心的都市として発展し、明治の頃には「水の都」と呼ばれた。しかし、近代化の過程で川に寄り添うかつての暮らしのありようは大きく変化し、市民の日常生活と水辺空間は隔離されていく。そうした水辺空間を回復するべく、世界でも稀な地形である、川が都心部を"ロ"の字にめぐる「水の回廊」を中心として、水辺のシンボル空間や船着場の整備、護岸や橋梁などのライトアップなど、さまざまなプロジェクトが進められてきた。

2004年から、道頓堀川沿いの遊歩道整備 (図1.8) がオープンし、ミナミの中心部に憩いの場が創られたと同時に、水辺に顔を向ける川沿いの店舗も次第に増えつつある。2008年には、水陸の交通ターミナルとして八軒家に浜と船着場が再生されたのに続き、堂島川沿いでは福島港 (ほたるまち港) が開港するなど、公共事業と連携し、水辺を意識した民間開発も進んだ。大阪の歴史・文化の代表的なゾーンである中之島エリアにおいては、2010年7月に中之島公園が親水性を高めた都市空間として再整備され、水都大阪のシンボルともいえる景観を形成している。

図 1.8

1-4-4　暫定利用による都市空間の再編

人口減少、財政困難期においては、不動産の所有の形態も再考が求められる。遊休化している空間を暫定的に柔軟に使いこなす試みが世界各国で展開されている。

(a)　都市再生前進基地 URS(台北)

台北市は、都市再生政策の一環として、一時的に空いた公共施設や再開発を待つ民間建物、修復した歴史的建築物など、必ずしも恒久的でわけではない建造物を暫定的にまちづくりの拠点として利活用することを実施している。こうして息を吹き返した建物は「都市再生基地」、英語で Urban Regeneration Station (URS) と名付けられている。それら建物の用途は、周辺住民の意思に任されており、ギャラリーや歴史資料館、情報センター、コミュニティ交流空間、カフェ兼小規模図書室など多様な用途で活用されている。

(b)　空地活用プログラム (バルセロナ)

バルセロナ市が 2012 年以降主導している空地活用プログラム」(Plan de Buits) は、都市内に生じた空地 (公有地) を対象に、市民参加や市民による公共空間のマネジメントを促進するような用途や活動を期間限定で埋め込むことで、地区再生のきっかけをもたらすことを目的としている。経済利潤の最大化

ではなく、社会的利潤の創出」のためのツールである。応募はコンペ形式で行われ、地区にとっての対象敷地の重要性やプロジェクトの経済的自立性、社会的効用、創造性・先駆性等を評価基準に、実施者が決定された。コミュニティ農園として再利用されているところが多い(図1.9)。

図 1.9

(c) Esto no es un solar プログラム(サラゴサ)

スペイン・サラゴサ旧市街において、都市の新陳代謝の過程でまちなか不可避的に出現してきた空隙を近隣コミュニティのために暫定利用するプログラムであり、変化の過程で置き去りにされたままの「空地」を再編集する動きである。「ここは単なる区画ではない」というのがこのプログラムの名称である。

1-4-5 都市計画道路の再編

既存の市街地とその上に引かれた都市計画道路の関係は常に大きな問題である。近代都市計画は、街路体系に明確なヒエラルキーを要求する。自動車道路の優先度が高いため、計画道路はいきおい既存の建造環境に破壊的に適用されることになりがちである。計画道路の実施にあたっては、開発あるいは保存の二者択一論に陥りがちである。近代が志向した空間づくりからの脱却と既存のプランニングの読み替えが求められている。

都市空間は、決して最新の計画によって作り上げられていくわけではない。

伝統都市の都市構造というレイヤーがあり、近代都市の近代都市計画による計画意図というレイヤーがあり、文化や多様性、創造性をキーワードとする現代都市が要請する空間づくりのレイヤーがある。都市計画道路と既存市街地の維持をめぐる相克は、こうしたレイヤー間の不整合でもある。それらの重ねの合わせの中から、現代的に計画意図を再解釈し、空間の実践がなされたとき、連続的な空間体験が生まれる。

(a) みなと大通り公園 (鹿児島)

戦災都市の鹿児島は、戦災復興事業によって近代都市として再生したが、その中で実現された主要な都市計画道路 (ナポリ通り、パース通り、照国通り、みなと大通り公園) は現在も市民の生活の大動脈となっている。市庁舎から海へと向かうみなと大通り公園は幅員 50m 道路として整備され、1980 年代までバスロータリーとしての性格が濃い空間であったが、その後、道路中央を遊歩道とするわが国では稀有の歩行者空間として生まれ変わった (図 1.10)。

図 1.10

(b) バルセロナの多孔質化戦略：減築による都市再生

バルセロナの旧市街では、都市計画道路というかつてのプランニングを現代的に読み替え、新たな空間形成として実現した好例だ。同幅員の直線的な道路を破壊的に市街地に適用するのではなく、道路に広場的性格をもたせつつ、凝り固まってしまった界隈に空隙を入れ多孔質にすることで、空間の公共性を取

り戻し、空間的な連続性を生み出した (図11)。1960年代の米国におけるアーバン・リニューアル政策のように、取り壊した後に住宅やオフィスビルを建てるわけではないから、市街地のスクラップ&ビルドならぬスクラップ&ノット・ビルドともいえる。広場的街路を生み出しているので、道路体系の整備という当初の市街地再開発の目的にも沿っている。都市化の中で十分に政策的配慮がなされず衰退した市街地が、新たに再検討された広場的街路あるいは街路的広場により独特の空間的連続性を与えられ、見事に生き返っている。当初のプランニングでは生み出され得ない空間的特徴や意外性に富んだ効果をもたらしている。

　こうした事業が成立した背景には、地区の現状を顧みない近代都市計画に対する不信と看過できないほどの地区環境の悪化があった。当時の行政は、衰退した地区の活性化を道路計画のみで解決しようとする姿勢だった。バルセロナのまちなかに複数生み出された一見非計画的な造形に見える空間は、老朽化が著しい居住環境の問題と都市レベルで見たときの交通問題の両者を、何とか接続させようと粘り強く議論が重ねられた結果である。

1-4-6　ソフトアーバニズム

　ソフトアーバニズムは、近代的都市計画手法 (マスタープランありきのトップダウン方式の都市計画) を拒否し、一手ずつ布石を打つように都市・地域の中に建築・公共空間・アートを穿ち、それらがやがて周辺環境と呼応し新たなリエゾン (結びつき) をもたらすことを狙うアプローチである。1990年代に実施されたくまもとアートポリスの取り組みの主題でもあった。文化、芸術を核として、まちの営みに創造性を吹き込むための実験的な取り組みと言い換えることもできるだろう。

(a)　アート・プロジェクト

　アートの力を都市・地域に段階的に波及させ、都市・地域が本来有する固有の魅力を顕在化させる取り組みの源流は、2000年に開催され、現在も展開中の「大地の芸術祭　越後妻有アートトリエンナーレ」に遡る。このトリエンナーレや瀬戸内国際芸術祭のように広域的に展開するプロジェクトから、地域ぐるみでまちづくりと連動させる別府の BEPPU PROJECT、地区レベルで展開さ

れる空掘まちアート (終了) など全国各地で様々な展開を見せている。

アート・プロジェクトは、地域の過疎化や疲弊といった社会的問題、あるいは福祉や教育問題など、さまざまな社会・文化的課題へのアート (芸術) によるアプローチを目的としながら展開している文化事業ないし文化活動と定義される。その活動が行われる場所や地域 (例えば産業遺産や廃校、あるいは衰退した中山間地域など) に大きな関心があることが特徴で、疲弊した地域に新たな価値を埋め込むことを主眼とする。

(b) アーティスト・イン・レジデンス

国内外から招聘した芸術家が、地域住民の協力のもと創作活動に専念できる環境を提供し、ここで得た体験が今後の作家活動に何らかの好影響を及ぼすとともに、芸術と呼ばれる分野及びそこに生きる人々との交流に恵まれることの少ない地域住民が、この事業を通じて新しい発見、新しい価値観、新しい交流を享受できることを目的とする取り組みの総称である。創造的な能力や才能をもつアーティストたちが国境や文化を超えて、異なる文化背景をもつ人々との出会いや交流を通じて新たな刺激を受け、さらに創造力を高めていく過程に特徴がある。

個人アーティストへの創造活動の支援を図るとともに、地域住民がアートを身近に感じるきっかけづくりをも狙う。また、全国的に課題となっている空き家対策のひとつとしても注目を集めている。文化庁によるアーティスト・イン・レジデンス事業 (1997 年) 以降、全国に一挙に広まった。代表事例としては、アーティスト・イン・美濃 (紙の芸術村)、京都市の東山アーティスツ・プレイスメント・サービス (HAPS)、廃校になった校舎を活用した 3331 Open Factory などがある。

(c) コミュニティデザイン

「まちづくり」の概念と重なる部分は多いが、コミュニティ・デザインは「コミュニティの力が衰退しつつある社会や地域のなかで、人と人のつながり方やその仕組みをデザインすること」という定義が可能だろう。施設や空間を具体的につくるのではなく、ワークショップやイベントといった「かたち」のないソフト面をデザインの対象とすることで、コミュニティを活性化させる。人口

が減少し、新築の公共施設が建てにくくなる 2000 年代における日本社会の変化の中、定着しつつある用語である。

(d)　リノベーションまちづくり

　ハード整備に限定されがちな従来の都市計画、地域発意の居住環境改善運動であるが経営的視点には欠けがちな従来のまちづくり運動に対し、地域を経営するという観点から、空室が多く家賃の下がった衰退市街地の不動産を最小限の投資で蘇らせ、意欲ある事業者を集めてまちを再生する「現代版家守」(公民連携による自立型まちづくり会社) による取組が各地で始まっている。地域再生の起爆剤として何かを新たに作るのではなく、空き家や使われなくなった商業ビルを貴重な「まちの資源」として捉え、これら余った建物を再生 (リノベーション) し、経済の観点からもまちを元気にすることを主眼とする。

　民間主導の取り組みであることも大きな特徴である。民間主導でプロジェクトを興し、行政がこれを支援する形で行う「民間主導の公民連携」 が基本である。遊休化した不動産という空間資源と潜在的な地域資源を活用して、民間自立型プロジェクトを興して 地域を活性化し、都市・地域経営課題を複合的に解決する。

1-5
小さな空間から都市をプランニングする

　日本都市計画学会都市空間のつくり方研究会 [2019] では、新たな時代のプランニングとして、「小さな空間の価値を大きな都市につなげる 10 の方法」を提言している。

- テーマ I　小さな空間を連帯させて都市の効果を高める：空間的につなぐ
  - ①　都市の「ツボ」を探す
  - ②　空間を地域に開く
  - ③　エリアの外側への影響を踏まえる
- テーマ II　小さな時間を積み重ねて都市の魅力を育てる：時間軸でつなぐ
  - ①　テンポラルな空間がつくりだすもの

② 「計画」をリノベーションする

③ ゆっくりと時間をかけて育てる

- テーマ III 小さな共感を生むことで都市の全体像を描く：都市空間全体の価値を高める

① プロセスそのものを目的にする

② 行政のリーダーシップからフォロワーシップへ

③ ユニバーサルからダイバーシティに向けて

④ まちに対する期待を高める

これらの提言を本稿の趣旨に照らして再解釈してみたい。

1-5-1 空間的につなぐ

小さな空間に働きかけることでその周辺にまで効果が発現するような都市のツボを探すこと、小さな空間を連帯させて都市空間全体を描くこと、小さな空間を切り取ることで引かれた線の外側への影響を踏まえることが鍵となる。

方法① 「都市の《ツボ》を探す」ことについては、近代都市計画が結果的に生み出したさまざまな「ひずみ」のなかに、改善すべき場所でもあり症状が現れる場所として、都市再生のツボを見いだし、そこに介入する必要がある。例えば、大津市の「なぎさのテラス」は、都市の裏側となっていた公園を水辺という場所が持つ本来のポテンシャルを引き出した事例といえる。

方法② 「小さな空間を連帯させて都市空間全体を描く」ことについては、現在の空間改変の動機は個々の住み手、土地・家屋の所有者の意向や事情に依存するため、小さな断片である個々の所有者等の営みをつなぎ合わせて、地域全体の価値を描いていく必要がある。例えば、長野市「善光寺門前」のKANEMATSU プロジェクトでは、所有者との契約、活動主体のイベント等を通じて地域社会との関わりが周到にデザインされ、地域価値の向上につながっている。

方法③ 「引かれた線への影響を踏まえる」ことについては、都市計画の「線を引く」という技術的宿命に着目し、線の「内側」に計画意図を込めるのと同時に、結果として生まれる線の「外側」への影響を戦略的に構想する必要性を指摘している。創造的界隈はいつも線の「外側」に生まれてきたためであ

る。例えば、京都市「五条界隈」は京都駅前と旧市街地の狭間であったからこそ、個性的な界隈が形成されてきたと。

1-5-2　時間軸でつなぐ

そしてこの小さな空間とその周辺の関係は、時間軸上でも展開できる。小さな空間で可能になる一時的・暫定的な実践を重ねて長期的な将来像を描くこと、空間の履歴を読み取り計画をリノベーションすること、都市の魅力は時間をかけて育てることが重要である。未来を描くことが難しい時代にあって、空間の履歴に配慮し、小さな空間で可能になる実践を重ねることで、時間をかけて獲得される価値が顕在化し、長期的な将来像を描くことができる。

方法④　「テンポラルな実践を重ねて長期的な将来像を描く」ことについて、空地等を使わないまま置いておくのではなく人々の創意工夫によって楽しく使える場にするテンポラリーな実践が人々の生活の質を高め、まちや都市の価値を高める。こうした短期的な実践を積み重ねることで長期的な将来への道筋をつくることができる。例えば、神戸市の「まちなか防災空地」では密集市街地の空地を土地所有者、まちづくり協議会、神戸市の三者の協定を経て、3〜5年という短期間で貸与できる事業である。土地所有者への意思決定を促すことで、小さな面積の空地が多く生み出され、地域全体の防災性が向上することが期待されている。

方法⑤　「計画のリノベーション」については、建築と同じように都市においても都市における空間の履歴を読み取り、時代に合わせて「計画」をリノベーションすることで、空間の資源価値を顕在化させる必要性を主張している。例えば、鹿児島市の「みなと大通公園」は都市計画道路というかつての都市計画を現代的に読み替え、新たな広場的街路として再整備された。

方法⑥　「時間をかけて育てる」ことについては、都市の価値は、単年度の即時的な対応の積み重ねではなく、人々の生活による使いこなし、担い手の育成を受けながら、着実に何世代にもわたって受け継がれることでゆっくりと発現していく。例えば、「奈良町」では、千年以上の時間をかけて形成してきた市街地が人々の暮らしを支え、空間の履歴を丁寧に読み解きながら、新しいライフスタイルに応えるための空間利用によってまちの機能が更新され続けている。未来への変換に期待が持てるプランニングが求められている。

1-5-3 体制を整え都市空間全体の価値を高める

　そして、こうした小さな空間への働きかけによって都市空間全体をかたちづくろうとする際には、多主体が関わり続けるプロセス自体を目的にし (方法⑦)、プランニングの担い手の役割を変化させること (方法⑧) がポイントになる。その結果、都市空間全体のあり方について、決定しないままの事物を残しつつ事業を始め、継続的に多主体の関わりや利害を考え続けることで多様性を持つ都市につなげること (方法⑨)、都市空間は都市と人の関係をつくる場所であり、まちに対する期待を高めること (方法⑩) が重要であるとしている。

1-6
見えないデザインとしての都市計画・都市デザイン

　現在、「リノベーションまちづくり」に典型的に見られるように、様々な都市において「まちかど」レベルでの小さな再生の取り組みが数多く展開され、まちの維持再生に希望を灯している。個人経営の小規模な店舗を中心に、そうした多様なテナントの新陳代謝や小さな再生の連鎖がまちの活力を支えていくという理解が徐々に浸透しつつある。そして、まちに関わりたい人は年々増えている。まちは確実に自己実現の場となりつつある。都市再開発はそうした流れと無関係であるべきではなく、地域のまちづくりの動きに相乗効果や波及効果を生むような戦略性を備えることが不可欠である。

　私たちは労働以外にどのような「存在理由」をもって都市を生きていくのだろう? 本格的な人口減少社会を迎えた今後、個々人の「生きがい」の発露と都市空間の再編は、分ちがたく結びついていく。都市再開発で産み落とされる空間は、都市には多様な人々が住んでおり、多様性があるからこそ都市なのだ、というリアリティを感じさせる場所となって初めて、わたしたち市民の手に渡る。経済的側面だけでなく、都市の環境的、社会文化的なポテンシャルを高めることに都市デザインは寄与すべきだし、これからも存在意義はそこにしかない。

■参考文献
饗庭伸 [2015]、『都市をたたむ ── 人口減少時代をデザインする都市計画』、花伝社、

2015。

浅見泰司 [2016]、「縮小社会の都市計画システム」『都市住宅学』、No.95、pp.4–7、2016 年。

阿部大輔 [2016]、「縮小社会において都市計画は何ができるか：都市縮小時代の市街地および地域のマネジメント」、『21 世紀ひょうご』、第 20 号、pp.53–66、2016、査読なし。

阿部大輔 [2018]、「スモールアーバニズム」『アーバンデザイン講座』(前田英寿ほか編)、彰国社、2018 年。

阿部大輔 [2017]、「社会的弱者と向き合うポスト都市再生のアーバンデザイン」、『都市経営時代のアーバンデザイン』(西村幸夫 [編])、学芸出版社、pp.98–111、2017。

阿部大輔 [2017]、「EU における都市政策の多様化と計画対象の広域化」、『連携アプローチによるローカルガバナンス』(白石克孝・的場信敬・阿部大輔 [編])、日本評論社、pp.56–72、2017。

阿部大輔・的場信敬 [2013]、『地域空間の包容力と社会的持続性』、日本評論社、2013 年。

岡部明子 [2003]、『サステイナブルシティ』、学芸出版社、2003 年。

木下斉 [2015]、『稼ぐまちが地方を変える ── 誰も言わなかった 10 の鉄則』、NHK 新書、2015 年。

厚生労働省 [2011]、『国民生活基礎調査』、2011 年。

国土交通省 [2010]、「住宅市場の現状と住宅政策の課題を踏まえた都市再生機構の役割について」、`http://www.mlit.go.jp/common/000108931.pdf`。

国立社会保障・人口問題研究所 [2017]、『日本の将来推計人口 (平成 29 年推計)』、2017 年。

清水義次 [2014]、『リノベーションまちづくり ── 不動産事業でまちを再生する方法』、学芸出版社、2014 年。

白石克孝 [2005]、「サステイナブル・シティ」『グローバル化時代の都市』(植田和弘他編)、岩波書店、pp.169–194、2005 年。

東京大学 cSUR-SSD 研究会 [2007]、『世界の SSD 100 ── 都市持続再生のツボ』、彰国社、2007 年。

日本都市計画学会都市空間のつくり方研究会 (編)[2019]、『小さな空間から都市をプランニングする』、学芸出版社、2019 年。

日笠端 [1977]、『都市計画』、共立出版、1977 年。

平山洋介 [2009]、『住宅政策のどこが問題か ──〈持家社会〉の次を展望する』、光文社、2009 年。

蓑原敬ほか [2014]、『白熱講義 ── これからの日本に都市計画は必要ですか』、学芸出版社、2014 年。

宮島喬 (編)[2009]、『移民の社会的統合と排除 ── 問われるフランス的平等』、東京大学

出版会、2009 年。

レルネル、ジャイメ [2005]、『都市の鍼治療 — 元クリチバ市長の都市再生術』(中村ひとし・服部圭郎共訳)、丸善、2005 年。

Centre de Cultura Contemporània de Barcelona [CCCB] [1999], *La Reconquista d'Europa. Espai Públic Urbà*, Barcelona: CCCB, 1999.

Colantonio, Andrea & Dixon, Tim [2010], *Urban Regeneration & Social Sustainability*, Oxford: Wiley-Blackwell, 2010.

European Institute for Urban Affairs (eds) [2007], *The COMPETE Network: Final Report — Messages for Competitive European Cities*, Liverpool: European Institute for Urban Affairs.

Evans, James & Jones, Phil [2008], "Rethinking sustainable urban regeneration: ambiguity, creativity, and the shared territory", Environment and Planning A, 40, 1416–1434, 2008.

Neal, Peter (ed)[2003], *Urban Villages and the Making of Communities*, New York: Spon Press, 2003.

OECD [2016], *Resilient Cities (Preliminary version)*, OECD, 2016.

Office of the Deputy Prime Minister (ODPM) [2005], Bristol Accord — Conclusions of Ministerial Informal on Sustainable Communities in Europe, London: ODPM, 2005.

Polese, M & Stren, R. (eds) [2000], *The Social Sustainability of Cities: Diversity and the Management of Change*, Toronto: University of Toronto Press.

The President's Council on Sustainable Development [1999], *Towards a Sustainable America. Advancing Prosperity, Opportunity, and a Healthy Environment for the 21st Century*, Washington, DC: U.S. Government Printing Office, 1999.

Urban Villages Group [1992], *Urban Villages:A Concept for Creating Mixed-Use Urban Development on a Sustainable Scale*, 1992.

(阿部大輔)

第**2**章
地域再生プロセスにみる包摂的発展
── デトロイト市を事例に

2-1
持続可能な発展 (Sustainable Development) と
包摂的発展 (Inclusive Development)

2-1-1　包摂的発展への注目

　LORC のこれまでの研究をひとことで表すとすれば、持続可能な地域社会の実現を、包括的な地域ガバナンスの「制度」とそれを活用し機能させる「人材」、そしてそれらの有効な「関係性」の面から追求してきたということになるだろうか。その際に我々の理論的なベースとなったのが、「発展 (development)」を単なる経済的「成長 (growth)」ではなく、社会正義や自然環境保全、生態系の共生といった社会全体の幸福の実現として考える、つまりは、環境・社会・経済それぞれのゴールを妥協することなく追求する「強い持続可能性 (Strong Sustainability)」の考え方であった (もちろん、研究員によって多少の程度の差はあるが)。

　1980 年代中頃から国際的な「共通言語」として定着した「持続可能な発展」概念の国際的な実践は、しかしながら、経済的成長や雇用の実現の重視といった新自由主義的な価値観で、言い換えれば、環境を経済のトレードオフとして犠牲にする形かつ社会的要素が軽視される形で、進められてきたことが指摘さ

れてきた (Manzi, *et al.* [2010]; Gupta, *et al.* [2015]; 本書序章も参照)。この
ような課題に対して、LORC では研究プロジェクトチームを立ち上げ、人間
の福利や社会的正義、民主的なガバナンスなど、持続可能な発展の社会的側面
(社会的持続性) にフォーカスした研究も行った。社会的包摂を実践していくた
めの「地域空間の包容力」の重要性を指摘し、その継続的なマネジメントに必
要な 3 つの要素：地域空間・コミュニティの再構築、地域政策への参加プロ
セスのリノベーション、人的資源の継続的創出、を提起した。これらをふまえ
て、それまで地域社会で疎外されてきた人々(例えば、過疎地域の買い物弱者
や、スラム地区や公害地域の住民、地域の意思決定に関われない市民など) を
包摂していくための方策について、国内外の事例分析をとおして検討した (阿
部・的場 (編著)[2013])。

このような研究の蓄積をふまえて、本書ではこれからも続いていく持続可
能な発展のチャレンジへの手がかりとして、「包摂的発展 (Inclusive Develop-
ment)」の考え方に注目している。包摂的発展の概念の発展経緯や概要は序章
に譲るとして、本章ではまず、近年の議論を主導する Gupta らの文献を参考
に、包摂的発展の理論的要素について概観したい。それをもとに、今後の人間
社会、より正確には、地球上の「発展」がどのように進められていくべきと考
えられているのか、現在の議論の立ち位置を明らかにする。それをふまえて、
かつて新自由主義的価値観の中で、自動車産業を中心に発展し、その後衰退を
経験したデトロイト市の再生への取り組みを包摂的発展の切り口から分析・評
価することで、包摂的発展の今日的意味を検討する。

2-1-2 　包摂的発展概念の議論

包摂的発展の概念が最初に登場したのが、アジア開発銀行 (ADB) による貧
困低減やソーシャル・キャピタルの開発、公平性の推進といった社会的戦略の
文書であったことからもわかるように、包摂的発展は、持続可能な発展の中で
も特に社会的な側面に注目した概念である。ただ、社会的に包摂されるべき最
も疎外されてきた人々は、地球温暖化や自然災害といった自然環境の変化に最
も大きな影響を受ける層であるため、環境面の議論も同様に重視される。上述
のとおり、この数十年の世界的な経済不況により、「持続可能な発展」や「包摂

2-1 持続可能な発展 (Sustainable Development) と包摂的発展 (Inclusive Development) 51

的成長 (Inclusive Growth)」、「グリーン経済 (Green Economy)」といったこの間新たに生まれた発展に関する概念が、経済成長か環境保護かというトレードオフの関係の中で議論される、いわば1970年代までの議論に逆戻りし、成長と雇用の名の下に、環境保全や社会的包摂の議論が犠牲になっている状況がある (Gupta, et al. [2015])。このような社会状況が、包摂的発展の議論を生み出してきた。

Gupta らは、2015年の「持続可能な開発サミット」において新たな国際的実践ツールとして設定された「持続可能な開発目標 (以後SDGs)」についても、包摂的発展の概念を手がかりに詳しく分析し、その利点と危惧する点を明らかにしている。その中で、環境面 (環境中心主義的な価値観や公平な機会と権利および義務、気候変動により最も被害を受ける人々を守る法的しくみなど)、社会面 (最貧困層のエンパワメント、人的資源への投資や参画機会の提供など)の包摂性 (Inclusiveness) に加えて、関係性の包摂性 (relational inclusiveness)を設定している。これは、現在の貧困や生態系の破壊が、当事者ではない他者に起因することが多く、その原因が、増大する不平等や政治的パワーバランスにあると考えているからである。2016年には1%の人口が残りの99%の富を有する状態にあることを指摘し、これらの経済的格差を是正するような、利害関係者間の関係性を再構築する必要性を問うている。また、その際に、その役割をしっかりと果たす政府セクターの役割を重視していることも特徴である (Gupta, et al. [2015])。これらをふまえて、SDGs の中で多用されている「維持される成長 (Sustained Growth)」という視点を、SDGs の存在自体の意義は認めつつも、これまでの既存の成長概念の再検討が行われていないとして批判している (Gupta and Vegelin [2016])。

以上のような視点から、Gupta らは、包摂的発展を次のように定義している：

「これまで社会的、政治的、経済的プロセスから疎外されてきた人々、組織、国々を包摂し、人間の福利、社会的・環境的持続性、エンパワメントを増大させるような発展であり、変化や新たな排除や疎外のリスクに適応していく学びのプロセスである」(Gupta, et al. [2015] p.546)。

このように、戦後の急激な経済成長の反動による環境問題、社会問題への対応として国際社会が生み出した持続可能な発展という概念は、その出現から30年が経とうとしている現在、改めてその根本的なスタンスが問われている。これまでみてきたように、Gupta らはこれまでの持続可能な発展への国際的なチャレンジを批判的に論じているが、包摂的発展の考え方は、持続可能な発展 (より正確に言えば、Strong Sustainability) 概念の根本にある、既存の「発展 (development)」のあり方や経済至上主義的価値観の再検討、環境・社会・経済のバランス良い発展といった考え方を、より明確な形でその必要性を強調した概念だといえる。包摂的発展という「重要なレンズ」(Gupta, *et al.* [2015] p.553) を通して、現在の社会的・政治的・経済的プロセスの中で、誰が利益を得ているのか、どのように疎外されている人々をエンパワメントできるのか、を常に検討していく必要がある。

それでは、現在の地域再生の取り組みは、この包摂的発展というレンズからどのようにとらえることができるのであろうか。次項から、デトロイト市の歴史と再生プロセスを事例に検討する。

2-2 デトロイト市の発展と衰退 : 歴史的経緯と現状

デトロイト市は、1910年代中頃からはじまった自動車産業の発展とともに成長した都市である。急激な産業発展により生じた自動車関連企業の雇用需要が、南部の黒人の移住を呼び込み人口が急激に増加する。奴隷制度は1865年に法的には廃止されていたが、実際には黒人への差別は根強く残っており、居住地を著しく制限され、また低賃金の仕事にしかつけないなど、地域の人種間、地域間の分断が進んでいく。

1948年に黒人が白人居住地区に居住することが裁判で認められて以降は、それを嫌う白人が徐々に郊外に移住 (White Flight) をはじめる。また、新しく自動化・大規模化した自動車産業も、より広い土地を求めて、工場を郊外に移動していく。さらに、1967年には、人種差別と失業率に対する暴動も起こり、さらなる荒廃が進んだ。その結果、1948年から20年間で13万人の雇用を失い、人口についても、デトロイト都市圏全体では48% も人口が増加したが、市内

は18%も減少している(高梨・黒瀬[2017])。また、人種の偏りも顕著になり、デトロイト市内では、黒人80%、白人9%に対し、デトロイト郊外では、黒人22%、白人67%と、人種間のゾーニングも進んでいる(DFC [2017]、図2.1)。

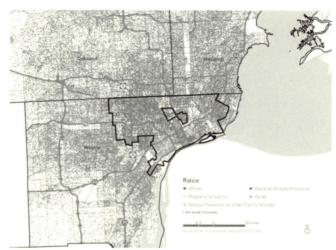

図 2.1 デトロイト市および郊外の人種別の居住地域。太枠で囲まれた市内 (黒人) とその郊外 (白人) ではっきりと居住地域が分かれている (出典：DFC [2017] p.22)。

白人が去ったのちの1973年には、初の黒人市長コールマン・ヤング (Coleman Young) が誕生するが、彼はアフリカン・アメリカンの市民権の向上に努める一方で、貧困層が暮らすダウンタウン以外のネイバーフッドの再生は後回しにし、ダウンタウンの再開発、自動車産業の誘致、スタジアムやカジノ建設など新自由主義的なアーバニズム (neoliberal urbanism) に注力した (Clement and Kanai [2015])。これらの一部は現在でも市内のランドマークとして存在しているが、全体として期待したほどの雇用を生み出すことはできず、市中心部以外の周辺住宅地域は、教育、消防、警察などの予算も削減され、さらなる荒廃が進んだ (図2.2)。

以上のような、大規模な人種抗争および産業の空洞化による継続的な人口減少と税収減により、人口はピーク時の185万人から70万人にまで減少し、

図 **2.2** ダウンタウン郊外の巨大な工場の廃墟

2013 年にデトロイト市は 180 億ドルの負債を抱えて財政破綻した (Clement and Kanai [2015]; 高梨・黒瀬 [2017])。

このように、市の財政が破綻した当初は、誰もがデトロイトの行く末を悲観していたが、近年急激なダウンタウンの活性化が進んでいる。クイッケン・ローンズ (Quicken loans) の創始者、ダン・ギルバート (Dan Gilbert) 氏は、荒廃して破棄されていた中心地の空きビル買収に 10 億ドル以上を費やし、実に 80% 以上のビルを掌中に収めた。自社と関連企業の本社をデトロイトに移転までして、デトロイトの再建に取り組んでいる (矢作 [2017])。現在では、カフェやレストラン、アパレルのショップが立ち並び、深夜まで賑わいをみせる。事実、筆者が 2018 年 2 月に訪問した際も、特に危険を感じることなく街中を歩き回ることができ、当初の危険な街のイメージを良い意味で裏切られた (図 2.3)。また、これらの都市機能を満喫できる中心地の住宅地域にも、次第に若い世代や新たな起業家が移住してきている。右肩下がりだった人口減少も、2016 年には人口がプラスに転じるという楽観論が聞かれるまでになっている (実際には 2017 年センサスにおいてもわずかに人口減少は続いている[1])。もっ

---

[1] Detroit Free Press : https://www.freep.com/story/news/2018/05/24/detroit-fife

図 2.3　ダウンタウンに位置するモダンなビル群

とも、このような極端な投資により、127の高齢の低所得者向け住宅地区が取り壊されるなど、急激なジェントリフィケーションも発生している (Clement and Kanai [2015])。

2-3 新たな戦略的都市開発へ ── Detroit Future City (DFC) の長期戦略

2-3-1　DFCのコンセプトと策定プロセス

　デトロイト市が財政破綻したのは2013年であるが、それ以前から、広大な市域の全域をカバーする水道や交通、消防といった公共サービスの提供は、財政の継続的な悪化により断片化してしまっていた。それらをカバーするべく、2000年ごろから慈善財団や非営利組織、民間企業などが住宅地域への投資やサポートを提供し始めていたが、政府セクターとの連携が乏しく孤立・乱立している状態であった。

　そのような状況を改善するために、デトロイト郊外に本拠をおくクレスギー

-lake-township-census-bureau-population-drop/633602002/.

財団 (Kresge Foundation) が市役所とも連携を取りつつ主導したのが、「デトロイト・フューチャー・シティ(Detroit Future City：以後 DFC)」という長期都市開発戦略である。その前身のプロジェクトで DFC を主導した「デトロイト・ワークス・プロジェクト (Detroit Works Project：以後 DWP)」は、クレスギーのほか、ケロッグ (Kellogg) やフォード (Ford) といった強大な慈善財団の影響と資金力が大きいプロジェクトで、市長が任命した 14 名の運営委員会により意思決定が行われた。非営利、企業、政府セクターのそれぞれから委員が選出されているが、宗教と教育関連からは 1 名しか選出されておらず、また、技術アドバイザーには、国際的なコンサルタントや建築家、デザイン会社などが入っており、まさに「エリートによる官民連携 (elite public-private partnership)」(Clement and Kanai [2015] p.370) であった。

DWP は 2010 年に市役所主導で取り組んだ短期都市再生戦略であったが、住民の巻き込みが十分でなく理解を得られずに頓挫した経験から (高梨・黒瀬 [2017])、DFC では基本コンセプトの柱として市民参画を位置づけており、プロジェクト内に「市民参画チーム (Civic Engagement Team)」を立ち上げた上で、「何百ものミーティング、30,000 回もの会話、163,000 回以上の住民とのつながり、70,000 を超える調査へのレスポンスやコメント」(DFC [2012] p.3) を反映させる形で完成させている。また、DFC 本文でも 20 ページ以上にわたって、市民参画の重要性、実際の参画のプロセス、実践面での取り組みなどについて記載している。

財政破綻後のデトロイト市の都市計画上の最大の課題は、ダウンタウンから外の広大な市域に広がる住宅地区の空き地や空き家の活用であった。いかに縮小していくか、その際の土地活用をどのようにするのかが、長期計画では求められた。この課題にチャレンジした DFC であるが、この 350 ページにもおよぶ詳細な長期都市戦略のコンセプトをひとことで言えば、「デトロイト市をよりコンパクトに、よりグリーンに」ということになろうか。その実現にむけて、5 つの要素：1) 経済成長、2) 土地利用、3) 都市システム (インフラ)、4) ネイバーフッド、5) 土地・建造物資産、に分けて対策を検討しているが、その検討の大部分は、空き地や空き家の活用の議論に費やされている。

その検討手法としては、地区ごとの空き地・空き家の割合によってゾーン分

けし、それぞれの活用方法を検討する形をとっている。具体的には、「空き」の程度によって、大きく3つのゾーン：低 (Law Vacancy Zone)・中 (Moderate Vacancy Zone)・高 (High Vacancy Zone) によって色分けし、Law Vacancy Zone は引き続き低中密度の住宅地域として、Moderate Vacancy Zone は主に緑化された住宅地域として設定された。そして、もっとも空きが進んでいる High Vacancy Zone (以後 HV ゾーン) が、基本的にはグリーン化 (都市農業エリア [Innovation Productive] と緑化エリア [Innovation Ecological]) を進めるエリアとして指定されており、この地域に居住するおおよそ 88,300 人の住民は、将来的に移住することが求められている (DFC [2012])。

2-3-2　DFC の評価

　DFC は、2030 年とそれ以降の将来像を掲げた長期戦略のため、現段階でその評価を行うことは単純ではないが、ここでは、戦略のアプローチや手法、初期の実践について、いくつか批判的論考を紹介したい。

　まず、この戦略の基本コンセプトである、都市のコンパクト化とグリーン化については、交通ルートの縮小による環境負荷の低減、住環境の向上、そして肥大化した都市に分散した公共サービスのコストを低減するという経済的な視点からも、基本的にはポジティブに受け取られている (Kirkpatrick [2015])。

　課題として指摘されているものの多くは、その方法論や実践面についてである。その1つは、HV ゾーンに指定された地域に居住する住民に対するスタンスである。もともとこの地域に残っている住民は、基本的に他の地域と比べても、もっとも低所得者層であり、公共サービスや地域社会から疎外されてきた人々である。Kirkpatrick [2015] は、「もし、この 350 ページにおよぶ DFC を要約するとすれば、市の投資は HV ゾーンへのものは引き上げて、それ以外のネイバーフッドにつぎ込むべき」(p.266) というスタンスで、基本的には、HV ゾーンのインフラや公共サービスを減らせば、そこの住民は自然に移住していくことを前提としているようにみえる、としてその姿勢を批判している。Clement and Kanai [2015] も、DFC は、市域全体がこの価値観を共有し同質的 (各地区には同じような人種・所得層が居住していると考える) であると考えていることを批判している。より具体的には、HV ゾーンに居住する人たちが、

容易に他地域に移住できることを前提に策定しているが、実際には、同じ地域であっても貧困の程度や質、抱えている社会課題はさまざまであり、移住はそう簡単ではないにもかかわらず、DFCの移住者へのサポート・プログラムが十分に提供されていない点を指摘している。DFCでは、HVゾーンでも地域に住民が残っている限りは公共サービスは提供するとしているが、一方で今までと全く同じレベルでのサービス提供ではありえないだろう、とも明示しており、これらの低所得者層が全く影響を受けないということはなさそうである。

　戦略全体の実践面でも、特にDFCの「非公式性」に関係してその難しさが指摘されている。DFCはデトロイト市の公式な都市戦略ではない。DFCの策定母体となったDWPは、市役所や他の政府セクターとの協働で策定されてはいるものの、あくまでも主体はクレスギー財団など民間の慈善財団を中心として設立された非営利組織であり、そこでの意思決定や戦略自体は、公的な組織への提案に過ぎない。DFCの巻末には策定プロセスにおける膨大なパートナー組織が掲載されているが、それでも都市計画に関するすべてのキープレイヤーを巻き込むことは出来ていない。これだけ巨大な都市の縮小と、都市計画や公共サービスの大転換をともなうグリーン化には、地域のさまざまな公共サービスの担い手や関係する法律・規制などの再構成が必要になる。これは、市役所だけでなく、電気、水道、教育、医療、警察など、政府・民間を問わず地域をまたいだサービスを提供する多くの組織との調整になる。実際に、DFCは、少なくとも11の既存の土地開発計画や規制との調整をすでに余儀なくされている。もちろん、財政破綻したデトロイト市に比べて、DWPは資金力があり影響力も大きいため、DFCは実現に向けて動き出しているが、従来型の拡大成長派の政治家や行政職員、地元の有力企業家などから、今後、DFCの縮小化・グリーン化路線に反対が出てくることは十分考えられるのである(Kirkpatrick [2015])。

2-4
草の根活動によるネイバーフッドの再生： RecoveryParkの取り組み

　上述のとおり、ダウンタウンでは一部の投資家による目覚ましい地域再生の動きがみられるが、その一方で、一歩中心部を離れて住宅地域に出ていくと、

途端に広大な空き地や、工場や住宅の廃墟が目立つようになる。DFC が策定されデトロイト市は新たな一歩を踏み出しているものの、その取り組みはまだ緒に就いたばかりで、特に周辺部の再生はほぼ手付かずの状態である (図2.4)。

図 2.4 放火され放置された住宅。同様の住宅は郊外の住宅地に数多く見ることができる。

ただ、市が財政破綻したデトロイトでは、DFC など大規模なプロセスが動き出す以前の 2000 年ごろから、政府セクターの動きの鈍さをみかねて、草の根レベルで郊外の住宅地域の再生に慈善財団や非営利組織が取り組みをはじめていた[2]。その中でも、広大な空き地を戦略的に活用する方策として注目されたのが、DFC でもそのコンセプトの柱の 1 つとして採用された都市農業である。そこでここでは、草の根レベルで都市農業をツールにさまざまなネイバーフッドの再生活動を進めている「リカバリーパーク (RecoveryPark)」の取り組みを紹介する。

リカバリーパークは、麻薬中毒患者や麻薬犯罪者のリハビリ支援を目的として活動するシャー財団 (SHAR Foundation) が、2010 年にデトロイトで持続可

---

[2] 草の根レベルの地域再生の取り組みついては、高梨・黒瀬 [2017]、阿部 [2017] に詳しい。

能な都市農業のビジネスモデルを確立する目的で非営利組織として設立した。元受刑者をはじめ就職に障壁をもつさまざまな人々に雇用の機会を創出することで、彼らを地域へ包摂し、デトロイトの再活性化に寄与する取り組みを進めている。スタッフは筆者が訪問した 2018 年 2 月時点で 15 名、うち 12 名が農業従事者としてグリーンハウスで働く。彼らのほとんどが元受刑者や麻薬常習者で、訪問の 1 週間後にははじめての女性の元受刑者を採用することになっていた。適正な給与を支払い、医療ケアについても 100% カバーしている。

活動がより多様化・複雑化した 2012 年にはシャー財団から独立し、さらに、地域社会と組織のミッションの実現のための利益をしっかりと出すために、あえて非営利の看板を外して活動している。

リカバリーパークは現在、主に 4 つのプログラムを軸に活動を展開している：

① リカバリーパーク農園の経営：2013 年に都市農業経営会社として独立。最新の農業技術を用いたグリーンハウスで年間を通した生産を実現し、地域の高級レストランなど多くの事業者に、地域特産の野菜を供給 (2015 年から提携がスタートし、現在 133 のレストランに供給)。

② 雇用サポートのプラットフォーム：3 年間の生活環境改善のサポートを提供している。サポートの提供中は、仕事に応じた適正な給料を支給しながら就職支援を行う。

③ ネイバーフッドの再生：空き地や空き家の再活用のための活動 (清掃、建物再生、空き家の解体、地域計画の策定など) を展開している。これまでに 105 エーカーもの空き地の清掃を行ってきた。

④ 地域住民の参画・連携：政府・企業・非営利の各セクターとさまざまな連携を進めている。例えば、コミュニティ・ガーデンの設置、ごみゼロキャンペーンの実施、ネイバーフッド・ビジネス協会の設立など (RecoveryPark [2017])。

リカバリーパークではこれまで、地域住民のニーズを捉えるために、これら 4 つのプログラムに住民を巻き込みつつその把握に努めてきた。それらの情報もふまえて、プログラム活動のプラットフォームとなる地域再生のためのマスタープランを 2017 年に策定し、現在その実践を進めている。これは、ダウンタウン西部の South Poletown という 303 エーカーにもおよぶ巨大な地域の再生

計画である。ここはかつて、ポーランドからの移民が集まっていた地域で、現在でも教会やレストランの建物などの一部にポーランド的な面影を見ることができる。高速道路の建設による他地域との分断や、白人の郊外への移住による人口減少の影響を受けて、地域全体の人口が激減しそれに伴いビジネスチャンスも無くなってしまった地域である。2010年の統計では、地域全体の74%が空き地となっている(RecoveryPark [2017])。DFCの中ではHVゾーンに指定されており、その活用種類としては都市農業エリア(Innovation Productive)に設定されている。リカバリーパークは、DFCの計画に沿う形で、都市農業としての活用を中心に、住居地区、グリーンスペース、酪農地区、市場、教育施設などをミックスして配置した、地域の現有資産を活用しつつも全く新しい地域として再生するマスタープランを開発したのである(図2.5)。

このマスタープランの柱となるのが都市農園の開発であるが、そのプロジェクト・エリアのある地域では、98%の人口がいなくなり(現在32名を残すのみ)、店舗はすべて閉店、851あった建造物も20にまで減少しているという厳しい状況におかれている。こういう地域に、政府や自治体、慈善財団などから新たにプロジェクト資金を集めて最新技術を導入したグリーンハウスを建設し、そこで元受刑者など社会からの疎外要因を抱えた人々を雇用して野菜を育てている。この地域のプロジェクトでは、デトロイト市の19すべての部局からのサポート、13の大学との技術連携(デザインや資源マネジメント、エネルギー技術など)、12以上の国内外の企業との連携・支援を受けており、現在までに9つの巨大なグリーンハウスの建設を終えている。このような都市農園をベースに、地域を安全に歩き、生活できる空間にし、あらゆる人々に雇用を提供できるような地域にすることが目標である。また同時に、農園での栽培や地産地消型の取り組みを通して、食料の大量廃棄や安心安全な野菜などへの関心を喚起し、食料の「社会的地位」を再構築することも重要ミッションの1つとして設定している。

当初は、単なる都市農園の開発プロジェクトとしてスタートしたが、現在では、音楽や芸術などの団体とも連携しながらマスタープランの実践を進めている。もはや地域コミュニティ全体の再生をデザインした大プロジェクトに発展している。いまだ平均年齢が75歳を超えるような地域もあるが、新しいプロ

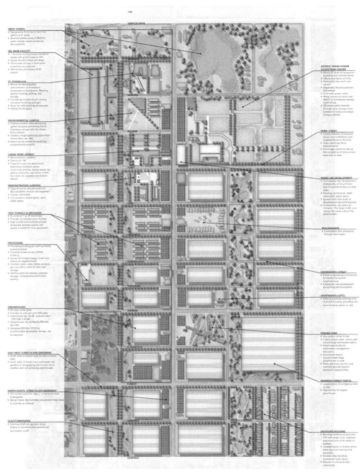

図 2.5 リカバリーパークのマスタープラン。白い長方形のほとんどがグリーンハウス、右下角が住居エリアになっている (出典：RecoveryPark [2017] p.42)。

ジェクトが進む地域では若い人たちが少しずつ増えてきている。彼らの試算では、この地域から半径 300 マイルのエリアで 8,000 万ドルの潜在的市場があり、図 2.5 のマスタープラン全体が実現すれば、この地域だけで 1,000 人を超

える雇用を創出することができることになっている[3]。ただ、彼らが目指しているのは、単にポピュラーな街ではなく、リバブル (livable：住みやすく生きがいのある) な街、みんなが幸せになれる街とのことであった (図 2.6)。

図 2.6　RecoveryPark の将来イメージ。都市農園と住居地区、緑化地区が調和した街並みとなっている (出典：RecoveryPark [2017] p.65)。

2-5　デトロイト市の再生は包摂的発展を実現できるのか

　近年のデトロイト市の再生の担い手は、ダウンタウンにおいては一部の投資家による急激な都市開発、その郊外の住宅地域においては主に慈善団体や非営利組織による草の根の運動という形であった。その中で新たに生まれた DFC は、その内容や策定プロセスをみるかぎり、非営利、企業、政府の各セクターのキーとなる利害関係者が担い手として連携した、望ましい協働型の地域再生の取り組みのように思える。特に住民の巻き込みへの意識は高く、それは彼らが実施してきたミーティングや住民との対話の回数にもよく表れている。その意味では、DFC は少なくとも理念的には、SDGs のスローガン「誰も置き去りにしない (No One Left Behind)」のような理念を志向しているといえるだろう。

---

[3] リカバリーパーク代表で CEO のゲイリー・ウォズニアッキ (Gary Wazniak) 氏へのインタビューから。

DFC については、上で紹介したように、一部のエリート層や国際レベルの組織による取り組みであり、コミュニティレベルの包摂が十分でないとする否定的な論考もある。特に Clement and Kanai [2015] は、DFC が、地域の人種的、社会的な多様性を軽視して同質化し、地域全体を 1 つの (特に新自由主義的な) 価値観とそれをベースにした戦略実践プロセスによって「純粋化 (purified)」(p.378) しようとしている、と厳しい批判を展開している。筆者の今回の調査研究では、策定プロセスで集められた地域住民の意見がどれほど DFC に反映されたかまでは明らかにできなかったが、Clement らの指摘 (特に移住を余儀なくされる者へのサポートの不十分さなど) にはうなずける点もある。ただ、デトロイト市のような多様な地域を抱える巨大都市において、その根本的な再生と新たな都市像をデザインする長期戦略を設定し、多くの利害関係者が納得する形で共有するという困難なタスクに対しては、この批判は少々厳しすぎる気もする。リカバリーパーク代表のウォズニアッキ CEO も、DFC については、彼らのような草の根レベルの取り組みを進めていく上での共通のテンプレートになっていること、また特に単なる青写真ではなく、地域のステイクホルダーの参画により (単なるエリートだけでない参画を認めている) 具体的に実践していくことができる内容になっていることに一定の評価を与えていた。

DFC の評価は、今後この長期的都市計画マスタープランを、地域社会の福祉や教育、交通、医療など他の公共サービス分野にどのように連携させて、かつその実践を進めていくのかによって今後なされるべきであろう。この包括的な長期戦略の中で、そこから望まずに疎外されるような人々に対して、より具体的な制度・政策、サポート組織などの社会的インフラを地域に整備し実践することができるのか、そこが地域の包摂的発展を促す上で重要になると思われる。

そのような細やかな地域住民の福利の確保は、Gupta らも指摘しているように、本来的にはまずは市役所など政府セクターの役割である。実際に、財政破綻したデトロイト市においても、DFC のプロセスには市役所が関与しており、リカバリーパークの取り組みでもすべての部局がパートナーとして参加していた。地域のニーズをしっかり把握した上で、経済的価値によらない基準で必

要なサービスを提供できるというユニークな役割が政府セクターにはある。ま
た、包摂的発展のようなコンセプトを地域再生の中心に据えることを民主的に
決定できるという意味でも、他の組織にない重要な役割を担っている。上述し
たような広域的で分野横断的な公共サービスの連携を考えても、地方自治体と
してのデトロイト市の復活は重要と思われる。

　その点で残念なのが、高梨・黒瀬 [2017] が指摘している、市役所側の DFC
へのスタンスの変化である。DFC の策定後に、市役所も新たな法定都市計画
を DFC の要素をそのまま導入する形で策定することを検討していたが、2014
年 1 月に市長が交代して以降より短期的な事業へと注力が移り、DFC につい
ても「非営利セクターを中心に共有された都市再生のビジョン」(pp.54–55) と
いう位置づけにとどまっているようだ。まさに、上述した「非公式性」の問題
が顕在化してしまったといえる。

　そのような中で、包摂的発展の担い手としての、リカバリーパークのような
非営利組織や慈善財団の役割は、今後も一層その重要性が高まると考えられ
る。DFC というある意味「理想的 (もちろんこれが一部の人の理想であっては
ならないが)」なフレームワークを、地域レベルで実践していく際に、地域の
実情を細やかに捉えながら、そこから望まずに疎外される人々を極力減らしつ
つ、地域の利害関係者とともに必要な取り組みを進めていく。このような活動
はまさに地域に根ざした非営利組織が得意とする分野である。このような非営
利組織の重要性は、持続可能な発展が議論されはじめた当初から指摘されてき
たことであるが、地域における包摂的発展の実践においても、同様のことが言
える。

　ここで注意すべきは、その包摂が、ある一定の価値観で多様性を塗りつぶす
ようなものであってはならないということである。リカバリーパークの取り組
みで言えば、DFC にその活動の方向性を沿わせてはいるが、少なくとも彼ら
の活動のコンセプトは、疎外されてきた人々の雇用創出による地域社会への
(再) 包摂とそれによる地域再生であり、単なるポッシュでモダンな地域を創造
することを目的とはしていない。さらに言えば、それぞれの人種や社会的背景
を持つ人々が、マジョリティや特定の価値観にミックスされることなく、自分
たちの生き方で自立していくための方策を、都市農園をベースに作り上げてい

くということである。それはまさに、終章で指摘される「サラダボウル」を目指した取り組みである。DFCで設定されたハード的な再生のデザインのもとで、今後、非営利組織のような地域のさまざまな担い手が、どのようにソフト的な細やかなサポートを構築し実践していくのか、今後も注目していきたい。

2-6
包摂的発展の今日的意義

本書の編集時に、社会には「振れ過ぎた振り子は振れ戻る」という「対抗力」が備わっているという議論があった。デトロイト市で言えば、人種問題や自動車産業の衰退により荒廃し尽くし、市役所さえ財政破綻した市域の再生に向けて、慈善財団の活躍や投資家のインパクト、DFCなど協働型の取り組みといった新たな担い手や手法が現れている。確かに都市には究極的な課題に反発して対応しようとするキャパシティが備わっているのかもしれない。

ただ、そのようにして出現してきた新たな手法や担い手が、包摂的発展のようなコンセプトを常に意識して再生に取り組むとは限らない。投資家によるダウンタウンの急激な都市開発は貧困層の望まない移住とジェントリフィケーションを確かに生み出し、またDFCのような協働型長期戦略でさえも、その方法論やコンセプトが新自由主義的な経済成長にあるとして一定の批判を受けてしまう。持続可能な発展や包摂的発展は、本源的に新自由主義的経済至上主義からの脱却を追求する概念であるが、デトロイト市の事例からもわかるように、その価値観は国際社会や地域社会にはまだまだ定着していない。

持続可能な発展(や包摂的発展)は、あいまいで理想論的な概念であり、だからこそ多様な人種や民族に共通の人類的な価値観としてこれまでゆるやかに機能してきた。同様に、デトロイト市のような多彩な顔を持つ市域の包括的戦略にも、地域の方向性をゆるやかに規定する理想的な視点が必要になると個人的には思われる。しかしだからこそ、そのようなレトリックの背後にある各主体の思惑や、策定プロセスにおける本当の意味での対等な議論の実現、疎外されている人々の参画(「疎外」され続けるという権利も含めて)といった点を、しっかりと見極める必要がある。

これまで見てきたように、包摂的発展の概念は、持続可能な発展が新自由主

義的な価値観によって解釈されるようになってきたことに対処するために出現してきた。ただ、持続可能な発展にせよ包摂的発展にせよ、本来有する価値観はそれほど変わらない。「強い持続性 (Strong Sustainability)」という考え方が当初からあるように、環境・社会・経済それぞれのゴールを妥協することなく追求していくということである。つまり、社会的かつ規範的な「ツール」としての価値は変わらない。重要なのはしたがって、我々が、いかにその考え方の重要性を認識し、その内容を理解し、共有し、なにもトレードオフすることなく地道にチャレンジしていくかにある。そのためにはやはり、SDGs の 17 番目のゴールにも設定されているように、あらゆるレベルにおける利害関係者のパートナーシップにより、それぞれに必要な目標に向けて協力していくしかないのであろう。包摂的発展の今日的意義は、このような持続可能な発展の根源的な価値観をあらためて社会に再認識させ、人類の「道標」としての役割を機能させていくことにあると個人的には思われる。

■参考文献

阿部大輔 [2017]、「アメリカ／デトロイト：エリア再生というスタートアップ —— 起業家のグラスルーツ活動が変えるコミュニティ」、馬場正尊・中江研・加藤優一 (編著)『CREATIVE LOCAL エリアリノベーション海外編』、学芸出版社。

高梨遼太朗・黒瀬武史 [2017]、「1 章　デトロイト：積極的な非都市化を進める」、西村幸夫 (編)『都市経営時代のアーバンデザイン』、学芸出版社。

矢作弘 [2017]、「財政破綻から 3 年、デトロイトの最新事情：「先端」と「異端」のはざ間で急展開する都市再生」、『世界』2017.1, pp.122–131。

Clement, D. and Kanai, M. [2015], The Detroit Future City : How Pervasive Neoliberal Urbanism Exacerbates Racialized Spatial Injustice, *American Behavioral Scientist*, Vol.59 (3), pp.369–385.

Detroit Future City [2012], *Detroit Future City : 2012 Detroit Strategic Framework Plan*, Michigan : DFC.

Detroit Future City [2017], 139 Square Miles, Michigan : DFC.

Manzi, T. *et al.*(eds.) [2010], *Social Sustainability in Urban Areas : Communities, Connectivity, and the Urban Fabric*, London : Earthscan.

Gupta, J., Pouw, N. R. M., and Ros-Tonen, M. A. F. [2015], Towards and Elaborated Theory of Inclusive Development, *European Journal of Development Research*, Vol.27 (4), pp.541–559.

Gupta, J. and Vegelin, C. [2016], Sustainable development goals and inclusive development, *International Environmental Agreements*, Vol.16, pp.433–448.

Kirkpatrick, L. O. [2015], Urban Triage, City Sistems, and the Remnants of Community : Some "Sticky" Complications in the Greening of Detroit, *Journal of Urban History*, Vol.41 (2), pp.261–278.

Pouw. N. R. M. and Gupta, J. [2017], Inclusive Development : A Multi-Disciplinary Issue, *Current Opinion in Environmental Sustainability*, Vol.24, pp.104–108.

RecoveryPark [2017], Detroit RecoveryPark Master Plan (Draft): *A vision for transforming vacant and blighted land into a vibrant, productive neighborhood*, Detroit : HamiltonAnderson.

(的場信敬)

第**3**章
ローカルファイナンスが拓く包摂型社会
── 社会的投資が促す「相転移」

3-1
はじめに ── 地域の力を高める社会的投資の可能性

　地域の持続性が大きく問われ、地方創生が叫ばれて久しい。それぞれの地域社会で持続性向上や社会的包摂をテーマに取り組みが進められている。しかし、それらの取り組みは、新たな視点による工夫や展開も一部あるものの、諸政策が高度経済成長型、人口ボーナス期の成功体験に基づいているものも多くあるように感じる。それは既存のシステムの限界とそれを越えていくエコシステム (生態系) の構築が求められているが、明確にそれらを提示できていない政策的な弱さでもある。そこで、本章では、新たな価値を創造する上でのファイナンス、特に社会的投資に注目し、「相転移」を促す地域金融のあり方について考察をおこなう。筆者は地域の持続可能性に向き合う金融を「ローカルファイナンス」と呼んでいる。後述するが、多様な参加をベースとするローカルファイナンスは、各セクターのこれまでの立ち位置や役割を変容させうる可能性を秘めていると考えている。単に資金の流れだけでなく、それぞれの主体から供給された資金が各事業主体にイニシアティブを与え、立ち位置やありようを変化させるということがローカルファイナンスの本質的な意味である。またそれらが、これまで顧みられてこなかった地域の資本をいかに地域主体でマネ

ジメントできるか、これまで営利追求の急先鋒と考えられてきた企業等が地域の「公益」の主体や公共サービスの担い手となりうるのか。自然資本を含む豊かな資本が地域社会にはある。それらが「近代」の収斂過程で無価値化に等しい扱いを受けたと見ることもできる。しかしここに来て、人口減少やグローバリゼーション、食料安全保障などの観点を重ねると、無価値化あるいは軽んじられてきたそれらの再評価と共に、それらを地域でいかに再び育み支えていく社会技術の開発と実装が急務の課題となってくる。

3-2
社会的投資とは何か

　社会的投資とは、社会的インパクト投資とも呼ばれ、Global Impact Investing Network (GIIN) によれば「財務的リターンと並行して社会的および環境的インパクトを同時に生み出すことを意図する投資」とされる[1]。つまり、社会的価値を生み出しながら経済的な循環も可能にする投資と考えてよい。社会的インパクト投資は2007年にロックフェラー財団主催の会議で登場したと言われているが、ヨーロッパの社会的金融の潮流にはその源流を見ることができる。またアメリカにおける地域開発金融 (CDFI) の存在も無視できない。しかし、それらと現在の社会的投資は明らかに範囲や範疇において異なる。ESG投資などの潮流も一部取り込みながら、持続可能な包摂型社会の実現に向けた公共空間の再編を後押ししている。

　これまでの投資はリスクと利回りが評価・選択の基準とされてきた。当然のことであるが、低リスクで高いリターンがある商品がよいものとされてきた。しかし社会的投資は、社会的な価値創造や課題解決を促す事業や相互扶助を実現する事業などに対し資金を提供するものである。つまり、社会的インパクトと経済的リターンの両立を目指す投資手法と理解したらよい。既に社会的投資の市場規模は世界で4兆円近い規模に達しているといわれ2020年までに100兆円規模に成長するとの試算もある。2013年には当時のキャメロン英国首相の呼びかけでG8インパクト投資タスクフォースが設立され、日本でも2014年7

---

[1] https://thegiin.org/impact-investing/.

月には国内の諮問委員会[2] が発足している。リーマンショック以降の金融の世界を取り巻く一つの大きな流れとして確実に変化が起こっている。2019 年に大阪で開催された G20 会合でも社会的投資の促進がアジェンダに取り上げられ、世界的な動向がより一層注目される。

日本においても社会的投資に関してのインフラ整備やエコシステムづくりが進んでいる。2018 年 6 月 15 日に閣議決定された「経済財政運営と改革の基本方針 2018」では、「③共助社会・共生社会づくり」において「社会的諸課題の解決に寄与する公益活動に、民間の人材や資金を呼び込む。民間の公益活動を促進するため、その成果を適切に評価する手法を普及しながら、寄付文化の醸成や行政・企業 NPO による共同 (コレクティブインパクト)、クラウドファンディングや官民連携による社会的ファイナンスの活用を推進する」とされている。脚注に社会的ファイナンスの具体的事例として成果報酬型民間委託やソーシャルインパクトボンドなどが例示されている。また、未来投資戦略 2018 においても民間資金の積極的活用がうたわれ、「成果連動型民間委託契約方式の普及促進」が新たに講ずべき具体的施策として挙げられている。

民間を中心に具体的な取り組みも進んでいる。2017 年 3 月には社会的投資の基盤形成や普及を目的に一般財団法人社会的投資推進財団 (以下、SIFF) が設立された。現在、SIFF は各地域でのソーシャルインパクトボンドの組成や国内諮問委員会の事務局を担うなど日本における社会的投資の推進母体となっている。その国内諮問委員会でも毎年レポートが発刊されるなど、萌芽期の動きをしっかりと支え始めている。日本における社会的インパクト投資の残高も 2018 年には 3,440 億円に達したと推計されている。2017 年は 718 億円と推計されていたので実に 4.8 倍の増加である。

LORC においても 2012 年から社会的投資に注目し、研究・実装を進めてきた。特に再生可能エネルギー分野を切り口にその可能性に着目し、2013 年 7 月には社会的投資を活用した地域貢献型メガソーラー「龍谷ソーラーパーク」を和歌山県印南町に開設した。以後、三重県鈴鹿市、和歌山県串本町、兵庫県洲本市 (淡路島) と取り組みを拡げてきた。そのプロセスで社会的投資を活用した

---

[2]国内諮問委員会に関しては、`http://impactinvestment.jp/`.

事業プロトタイプを開発するための事業会社株式会社 PLUS SOCIAL を設立し、筆者が代表取締役を務めている。また、2016 年には地域社会と社会的投資を接続させていく社会技術開発の一環としてプラスソーシャルインベストメント株式会社 (以下、PSI) を設立し、第二種金融取引業の登録を行い、日本で初めての社会的投資専業の金融会社として生み出した。PSI を通じて日本の地域社会の社会的投資を組成してきた立場から以下、いくつかの事例をもとに考察を深めていく。

3-3 地域における社会的投資の類型

　世界的な潮流として、社会的投資という側面も持つ ESG 投資やグリーンボンドなどがかなり活発に動きとして出てきている。世界の ESG 投資残高は2017 年末で 31 兆円ドルといわれている[3]。2015 年末時点では 23 兆ドルとの報告であったことを考えればその成長は著しい。加えて、ダイベストメントも活発化しており、化石燃料からの離脱、座礁資産化を防ごうとする力学は大きなうねりとなっている。ESG 投資は国連グローバルコンパクトと国連環境計画金融イニシアティブが 2006 年に策定した「責任投資原則」(Principles for Responsible Investment) が大きな役割を果たした。責任投資原則は 6 原則を掲げており、現在の大きな ESG の潮流となっている[4]。しかし、それらを日本の地域社会で実感することは筆者の現場感覚としてはほとんどない。当然、我が国においても年金積立金管理運用独立行政法人 (GPIF) が責任投資原則に署名し、ESG 投資を推進しており、巨額の資金が ESG 市場に流れているという点では日本も無関係ではないのであるが、少なくとも地域の現場においてそのような資金が状況を変化させている実感はない。本稿の問題意識の一つはそこにある。

　ESG 投資などの大きな社会のうねりを地域社会はどのように受容し、変容

---

[3]「2018 GLOBAL SUSTAUNABLE INVESTMENT REVIEW」による。

[4]ESG とは環境 (Environment)、社会 (Social)、ガバナンス (Governance) の頭文字を取ったもの。ESG 投資に関しては、水口剛『ESG 投資』(日本経済新聞出版社、2017 年) で適切かつ詳細に解説されている。

していくのかが重要である。もう少し先走って言えば、ESG 投資のようなグローバルな潮流を地域社会に惹きつける社会技術の開発が不可欠であるということでもある。それに、社会的投資を地域がどう活用し、包摂型社会を作り出していくのかという見取り図が必要である。つまり ESG 投資などの大きな潮流を利用して地域社会の変容を促すという考え方である。同時に私は逆のベクトルも十分考えられる。つまり、地域の社会的投資を活用したモデルが、具体的なインパクトを重視した場合、非常に有効に機能し、大きな潮流のあり方を変えていくという若干壮大な考え方である。ESG 投資も萌芽期から成熟期に向かい始め、具体的なインパクトを求め始めている。つまり、実効性の評価を投資家が求めている。「環境に配慮している」というレベルのインパクトでは満足されなくなってきているのである。その点、ローカルでの案件は規模は小さいが、インパクトが具体的に見えやすいものが多い。エコシステムの所で詳述するが、規模が小さく、これまでの投資の枠組みには乗りづらいのが現状である。が故に、投資先である案件に関してもほとんど考察をくわえられないでいる。日本において、特に地域社会において社会的投資を活用した事業展開はまだまだ緒についたばかりであり、類型化などは未だ困難な状況であるが、今後の議論のたたき台としてこれまで案件組成を担ってきた現場での事例をもとに類型化を試みた。

3-3-1　相転移モデル

ファイナンスには事業の性質を決定づける作用がある。資本性の資金やプロジェクトファイナンスにおける資金が「求めるもの」によって事業者の方向性が規定される側面がある。これまでの通常の投資においては一般的には利潤の最大化を目的とし、経済合理性が経営判断となる。当然、経営者は株主や事業出資者に対してより高い配当や利回りを行うことを求められる。目の前に利潤 50 と利潤 100 の 2 つの選択肢があった場合、通常は利潤 100 を選択することを求められる。近年、会社法の改正、株主代表訴訟などの増加も含めて経営者の「判断」に対して非常にシビアな状況がある。また、機関投資家も「受託者責任」も問われることになるため、基本的には経済的合理性に従う必要がある。

しかし、社会的投資の場合、このような図式において必ずしも資金供給サイ

ドが過度な利潤追求を求めず、社会的な利益追求をも合わせて求めることが明確な場合どのような「判断」が可能になるであろうか。

　私は企業セクターがソーシャルビジネスの担い手になるという「相転移」が可能になるのではないかと考えている。具体的な事例で見てみたい。

　例えば、一般廃棄物および産業廃棄物を取り扱う事業者がごみ減量に積極的に協力し、新しいソリューションを形成する試みを現在進めている。事業者の従前のビジネスモデルは言うまでもなく基本的にごみが増えれば売り上げが増加する構造である。その事業者が、自らの首を絞めるような「ごみ減量」を志向することが起こっている。具体的には、京都では事業者やその組合が中心となって「祇園祭ごみゼロ大作戦」を展開している。筆者も呼びかけ人として関与しているが、祇園祭ごみゼロ大作戦は2014年から取り組みがスタートし、今では市民ボランティア2000人以上が活躍し取り組みを支えている。この運動を初期から資金的にも人的にも支えているのは実は廃棄物処理事業者である。「ごみ」に対するイメージアップもあるのも事実だが、それ以上に本質的な問題意識が根底にはある。それは「このままの社会が持つはずがない」という認識である。365日ごみと向き合っている彼らは、大量消費・大量破棄の実態をリアルな日常としてみている。食品ロスの問題も最近大きな問題として報じられるようになってきたが、彼らの工場では毎日、毎日まだ食べることが可能な食料品が搬入され処理されていく。筆者も工場を訪れて驚愕したのであるが、中には「産直」のごみも大量に存在する。産直のごみとは、例えばうどんのように早朝から製造し、午前中に出荷を終えた商品の残りは午後には製造された工場から直接、ごみ処理場に送られてくる。生産調整すればいいのではと素人ながらに思うのであるが、現在の流通や大手小売り事業者との取引において、現場では最適化を試みても大量の廃棄物が発生するという。そのような「ごみ」と日常的に向き合っている彼らは、それらは収益を産む商材であるわけだが、このままの社会は持つはずがないと社会構造に問題を感じはじめてきた。それに震災などの大きく価値の変容を迫るインパクトが契機となって「日常」を疑う眼差しが経営者に生まれた時、廃棄物事業者の中には、ごみ減量を実現させ、廃棄物処理をリサイクルなど次のフェーズに進めたいと考える経営者も出てきた。

しかし、それらは従来のファイナンスでは即座には支持できない。みすみす目の前の利益を放棄すること、まして収益源であるごみを減量するなど、取引銀行として到底容認できない。これまでの構造から脱却することは困難なのである。ここにまさしく社会的投資の必要性と意味がある。提供される資金が利潤追求のみを志向するものでなく、社会性や環境との調和をも求めるものとした場合、既存の企業もいわゆるソーシャルビジネスの担い手に変容（相転移）することができる可能性を示唆する。

これまで「営利」「非営利」という壁で分断され社会的な事業、特に公益性の高い事業の担い手として企業などは位置づいてこなかった。利潤を分配しないという経済的な原則により法人格制度やその背景にある原則論で地域事業の在り方が分断されてきたといってもいい。企業は営利セクターと解され、利益をあげることだけ、即ち利益至上主義が行動原理と解されがちである。しかし今日の社会において企業を単一的にそのように括ることに限界が生じてきている。企業の取り巻く環境も大きく変化しており、マーケティング自体も共通価値の創造型（CSV）にシフトしつつある。またSDGsを経営と密接に関係させていこうという動きも顕著となっている。特に地域に根ざして事業を展開している企業やその経営者がかなり積極的にまちづくり活動や社会公益活動に取り組む理由はどこにあるのか。これまでの利益至上主義に基づく行動原理ではもちろん、企業の社会的貢献や社会貢献に依拠した解釈でも彼らの心性を説明しきるのは難しい。特に人口減少が著しい地域では特に顕在化していることではある。加えて、この「相転移モデル」を加味した場合、特に資本性資金の性質によりこれまでの公共圏のあり方に大きな変化をもたらすと考えられる。

3-3-2　新たなる自治・サービス創出モデル

同様に社会的投資は地方自治体の事業も立ち位置を変容させる可能性がある。民間資金を活用したモデル開発、つまり、社会的投資と公的資金をジョイントさせることにより、新たな自治事業モデルが誕生する可能性である。社会的投資を活用したものとしては、ソーシャルインパクトボンド（SIB）の取り組みがある。地域の持続性を高めるという点で本項では2つの事例について紹介をしたい。

一つ目の事例は滋賀県東近江市で取り組まれた「成果連動型補助金制度[5]」(東近江版 SIB) である。東近江版 SIB は 2016 年度から取り組みを進めてきた。この取り組みの特徴は、まず補助金申請を受付し、通常のプロセスで交付先を決定する。しかし、補助金の交付を税金で行うのでなく、補助金の原資をまず市民からの社会的投資で調達し、事業者に交付する。その際に、事業者は投資家 (市民) に対し、事業の内容や成果 (アウトカム) 設定やその実現方法について詳細に説明を行い投資を受けることとなる。事業者は補助対象事業を実施し、その後あらかじめ設定した成果に対し、第三者機関が実現できたと判断したら、自治体は補助金として確保していた資金を出資した市民に償還するという仕組みである。

東近江市ではまず、既存のコミュニティビジネス支援の補助金などをこの仕組みに転換し実施してきた。広く市民からの社会的投資を日本の自治体として初めて活用した事例といえるが、地域の自治と社会的投資の関係性を考える上で以下のような示唆を与えてくれる。まず、投資家としての市民の姿である。事業の背景、必要性、人柄などに共感し、資金提供を行った投資家としての市民は、事業者が事業を遂行していく上で、資金的支援のみならず非資金的支援を提供していた。投資行為は当事者化をもたらし、いわば一種の共同経営者的な眼差しによって直接的、間接的な関わりが発生していた。それは投資を受けた側の効果はもちろんのこと、投資家自体にも投資によって引き出されたものが存在するということだ。それを、ある女性の市民投資家は「口を出す口実」と表現した。まちを良くする事業に協力したいが関わりをもつこと、口を出すことは実際には困難を伴う。それを、資金を提供する側にまわることで主体的な参加をする「口実」を得た、と表現したのである。投資を呼び込むということは、大なり小なり課題自体や解決主体の存在を広くシェアするいわば「スピーカー」の役割を果たしているともいえる。社会的投資はデザイン次第で社会参画の重要なツールとなりうるということだ。

東近江市における取り組みではあと一つ大きな変化があった。それは自治体側の政策形成プロセスの変化である。成果連動型で事業を実施するということ

---

[5] 東近江版 SIB のスキームなどに関しては、拙稿「ローカルファイナンス概念と社会的投資」(2017) に詳しい。

は、対象事業者にアウトカムを求めることになる。当然のことながら、補助金交付対象者にアウトカムを求めるということは、政策的なアウトカムを事前に自治体が設定しておく必要があるということが前提となる。一般的には補助制度があるから惰性で補助金を支出しがちだが、成果連動型に関しては、補助金を通じて何をどうやって、どこまで実現せねばならないのかを明確に規定しておく必要がある。かつそれらが事業者、市民投資家などに共有されること自体も政策の妥当性が検証される機会にもつながる。

　つまり、単に民間の資金を導入し、事業を実施するという観点だけでなく、持続可能な地域社会を実現するために、地域の多様な担い手の力、地域の力を引き出し、地域のエコシステムを構築するという観点で社会的投資を活用することで、従来とは違う形での市民参画や協働が進み、自治の形の「相転移」が可能になる可能性を示唆してくれる。

　二つ目の事例は岡山市で展開されている「おかやまケンコー大作戦」である[6]。岡山市とPS瀬戸内株式会社が構想したこの事業は、2019年4月からスタートするSIBを活用した事業である (図 3.1)。本事業の特徴的なのは、SIBを活用することで、営利企業を含む様々な主体をつなぎ、政策目標の実現を目指しているところにある。この事業実施の背景には、岡山市の平均寿命は平成28年で見ると、男性81.5歳、女性87.96歳とも全国に比べて長いのだが、対して健康寿命は平成22年、平成25年、平成28年の状況を経年的に見ると、徐々に延びているものの、全国平均と比較すると女性は同水準であるものの、男性は下回っている現状があり、平均寿命と健康寿命との差は男性9.8年、女性13.6年と大きな開きが存在し、その差を短縮することが個人のQOLの観点からも、そして社会保障費の観点からも重要な課題となっていることがある。

　事業は、市民に健康増進につながるプログラムを様々な事業者が提供し、それらを受けると「健康ポイント」がたまっていく仕組みになっている。具体的には、フィットネスジムやマラソン教室などでの運動などはもちろん、岡山市内の各種スーパー、飲食店などでの健康的な食事の購入や飲食でもポイントがつく仕組みとなっている。また、カルチャークラブ、ボランティア、健康イベ

---

[6] おかやまケンコー大作戦に関しては、特設サイトが開設されている。https://kenkooo.jp/.

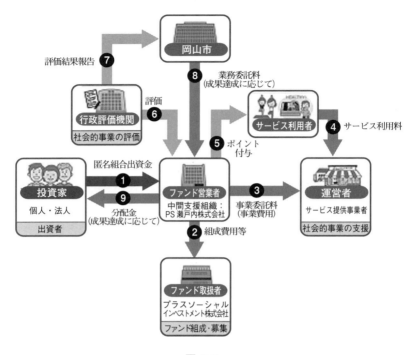

図 3.1

ントへの参加やウォーキングやランニングでもポイントがたまる仕組みとなっている。

　この事業は、市民や機関投資家から社会的投資を呼び込み、様々なサービスを提供する原資となる。実質的な事業主体である PS 瀬戸内株式会社がコーディネーションを行いポイントの付与・管理、参加事業者との調整などにあたっている。この取り組みでは4つの成果目標が設定されている。まず第一の成果指標として、この取り組みに参加する市民の数である。事業開始年である平成 31 年度に 15,000 人の参加者を確保することが成果目標として設定されている。具体的な事業展開はまだなので、評価をすることはできないが、政策デザインの意図として啓発事業の側面が高い本事業に対して、この第一の成果目標を考えると 35 歳以上の岡山市の人口は約 45 万人なので、約 3.3% の事業参加を求めていることになる。その他の成果指標としては生活習慣の改善を志向

する人の数や、事業三年目での参加者の 9000 人がリピーターとして確保され
ている状態を作り出すこと、事業 4 年目には、参加時の BMI が 25 以上だった
者のうち、事業実施後 25% が改善しているなどが設定されている。

この事業をプロデュースしているのは、岡山を中心に NPO の基盤整備や支
援活動に携わってきた石原達也氏である。NPO 支援に携わってきた石原氏が
なぜこのような仕組みづくりに取り組むのか。背景には、公共サービスの担い
手論として NPO などが台頭し、「協働」政策が展開され、1998 年の特定非営
利活動促進法が成立して以降、介護保険法の成立・施行と相まって、プロバイ
ダーとしての NPO による公共サービスの供給は加速度的に進んだことがある
と考えられる。一方で、委託や補助が中心となり行政の制度や施策の枠組みの
中での担い手となり、民の立ち位置の生かし方が固定的となり特性をうまく活
かせない状況も生まれ始めている。その中で、明確な事業目標を設定し、企業
も含めた地域の様々な民の主体を巻き込み、かつ市民からの社会的投資を活用
し、新たなモデル構築を目指す取り組みとして注目される。

3-3-3　インキュベーションモデル

社会的投資を活用したベンチャーキャピタルも台頭してきている。例えば、
グロービスが設立した一般財団法人 KIBOW が展開する「KIBOW 社会的投
資ファンド」は積極的に社会的企業に投資を行っている。KIBOW は大きな社
会的課題に対して、取り組んでいること、事業を通じた課題解決を志向してお
り、収益モデルができていること、出資 (株式投資) が可能な法人形態を取っ
ていること、事業を規模化する力のある経営者が存在することの 4 つの条件を
満たす団体を投資ターゲットとして設定している。そのほかにも、新生企業投
資株式会社も子育て支援ファンドを立ち上げたり、一般社団法人 LVC はロー
カルベンチャーに特化したベンチャーキャピタルで社会的収益を生み出すこと
が期待されているベンチャーに投資を始めている。例えば、スポーツをコアコ
ンテンツにまちづくりを志向するものや、また障害者の新たな仕事づくりを行
い、障害者の所得向上を目指す事業などにも出資している。

これまでのベンチャーキャピタルは上場が前提となり、上場後に市場で取得
した株式を売却することでベンチャーキャピタルとして収益を上げ持続性を担

保してきた。ローカルベンチャーキャピタルが投資している事業体は基本的には上場志向はない。がゆえに、エグジットの方法など工夫が必要であるが、ソーシャルベンチャーのアーリーステージのリスクテイクをしながら支えていく仕組みづくりが確実に行われつつある。

3-4 現状と課題

3-4-1 SIB を中心としたこれまでの到達点

東近江市版 SIB に取り組んだ事業者にヒアリング調査を行なった結果、いくつかの共通した傾向があった。まず1点目は事業者側の「覚悟」である。事業者にとっての「覚悟」は当然、該当する課題およびそれらの解決に向けた事業に取り組みをすすめること自体である。しかし、それらは「ほっとけない」という反射神経的なものであることも多く、無自覚にすすめられていく。ゆえに、結果としてその「個人」に過大な負担を強いることになり、非営利組織は往々にして活動者の「バーンアウト」などの問題も引き起こしてきた。しかし酷なことであるが、個人として「覚悟」を決めることなく、まして地域として「覚悟」は共有されることがない。しかし、SIB はアウトカムの設定プロセスによって、自分たちの取り組む課題やその深さ広がりを再認識する機会になり、またそのプロセスを多くのステークホルダーを巻き込む形で展開できたことにより、支えられつつ覚悟を決めるきっかけとなった。覚悟の自覚・共有ツールとして SIB は一定の役割を果たしたといえる。もう一歩踏み込んでみると、覚悟を支える「感受性」が背景に存在していることがより鮮明に明らかになった。アウトカム実現のためには、つながりやそれをベースにした広がりが重要になってくる。ただ、それらは無機質なつながりでなく、専門外の課題でも「まちの問題」として当事者として見抜く眼差しがベースとなったつながりであることに気づかされた。例えば、働きづらさを抱える人たちの仕事おこしを展開している「チーム困救」の取り組みでは、働きづらさを抱えた若者に、森の仕事とつなぐ時に、森が抱える課題、それが生活に及ぼす影響などについて把握した上で、当事者にそれらをきちんと伝えている。そのことにより「働きづらさを抱える若者」は「まちの問題」の解決の主体的当事者としての役割

を担えることに繋がっていった。換言すれば、生活者としての課題の捉え方、そしてそれを連続のものとして認識しつなげていく力量とも言える。今回、東近江の取り組みは、キーパーソンの日常的な公式・非公式の価値共有としてのつながりが背景に大きく寄与しているともいえる。地域共生社会を志向する際に、個別の課題をまちの課題として統合できるかどうかは大きな鍵となるとすると、この豊かな生活世界における感受性、当事者性は包摂型社会の実現に不可欠なものといえる。

　二点目は「コミュニケーションとしての SIB」というポイントである。コミュニケーションツールとして地域社会の中で SIB が果たした役割は媒介役ともいえる。つながりや絆が叫ばれるが、多様な世代が実際に新たにつながりをつくることは実際には困難である。特にそういった手がかりを一切持てない市民も一定数存在している。そういった意味で「参加のデザイン」としての意味合いは強い。それらは、個人と団体をつなげ、資金的支援でつながっている。しかし、同時にその資金提供者のまちへのまなざしや行動に変容がみられる。SIB を契機に形成されたつながりが価値創出につながっている。東近江モデルの大きな特徴は出資者の 75% が実際に滋賀県に居住している人の出資であったという点である。日本で現在実施されている SIB の多くで住民出資は組織されておらず、筆者が知る限り紹介した東近江市と岡山市その他に愛媛県の西条市のみで萌芽的なチャレンジである。共感をベースとしながら社会的収益を生み出すお金の流れと一方的な関係性を打破し、健全なオーナーシップを形成するともいえる。それらは固定的な役割を溶解し、消費者としての市民からの脱却や、「支援する―される」という固定的な図式を転換させる可能性つまり「相転移」を孕んでいるのではないだろうか。団体は取り組みや発信を通じて「価値を認識してくれるひとたち」の存在に気づくことができる。自分たちの取り組む課題や価値を受容し、支援してくれる存在との出会いは結果として大きな力となっている。図3.2 はある団体が SIB に取り組む前と取り組んだあとの関係性を表現したものである。

　自身の事業への投資を求めるために活動の価値を言語化し、多くの人々に働きかけたことによって投資という直接的な成果だけでなく非資金的な支援の獲得にもつながったことがよくわかる。こういった成果こそが実は包摂型社会を

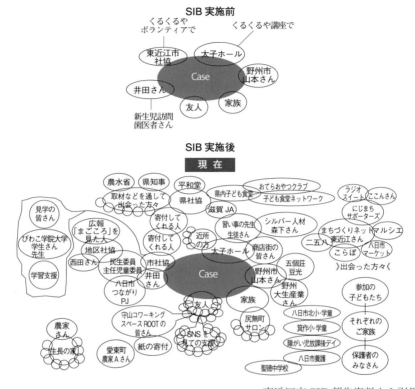

東近江市 SIB 報告資料から引用。

図 3.2

実現していく上では重要である。東近江の事例ではこうした関係性をベースに新たな課題が持ち込まれるようになっている。個人の孤立だけでなく、地域の課題や孤立がどんどん持ち込まれている。例えばある団体では、周囲に住むアルコール中毒の方を包摂し、その中で役割を創出し地域での居場所や関係性を構築していた。従来の福祉の枠組みでは排除的に扱われてきたものを「場」を中心に「場」を創り出す、ある意味での新陳代謝が働いている。そもそも「制度」などはできた段階から陳腐化するともいえる。社会の状況や当事者の環境も少しづつ変化していく。新たな孤立や排除が常に生まれるといっても過言で

はない。それらに対応する関係性が SIB を契機により可視化され一層強固になったともいえる。

3-4-2　これから必要なエコシステム

　今後、SIB の債権を地域の金融機関などで購入できる仕組みなどの工夫が課題であり、地域金融機関を巻き込んだ議論とエコシステム構築が不可欠である。地域金融機関も低金利時代、人口減少社会の今、役割や存在意義自体を模索しているといっていい。地域をまたがった地方銀行の再編が起こり、メガ化していくベクトルと同時に、第二地銀や信用金庫・信組を中心に徹底的に地域に根ざしながら改めて地域社会における金融の役割の創造に取り組みへの問題意識を抱いている金融機関も多い。現在 PSI では全国の 10 の地銀・信用金庫と協定を締結し社会的投資のエコシステムづくりにあたっている。SIB には課題を広く市民に課題の存在、担い手の存在を知ってもらう効果があることは既に述べたが、より普遍的なサービス供給主体である金融機関が窓口での販売を可能にすれば、「アンプ」と「スピーカー」の役割はより強く機能する。

　また今回述べたような地域の変化を「ソーシャルインパクト」としてどのように測り評価するのかも大きな課題が残る。ロジックモデルのような線形評価だけではここに述べてきた立体的な地域の動きは捉えることは困難だ。このあたりをどのように表現し、インパクト評価につなげていくかは実践知を積み上げて行く中で構築して行く必要がある。また、インパクト投資において投資家保護の観点からもインパクト測定は重要であるのはいうまでもない。しかし、社会性の評価は捉え方が困難な部分がある。社会性のない事業というのは存在しうるのかという議論にもなる。雇用や納税、ニーズに即した商品やサービスの開発に至るまで広義で社会に貢献することにつながっている。がゆえに、何にフォーカスをあてるのか、何をもって社会的なのかという議論はもう少し成熟させていかねばならない。かつ本稿の問題意識に即せば、加えて地域の持続性や社会的な包摂の視点を加味させる視点も重要なことは言うまでもない。例えば再生可能エネルギーに関する事業の評価に至っても、一般的に再生可能エネルギー事業というだけで脱炭素型社会の実現という点でインパクト投資の対象になるが、それらの所有性や地域経済との関係で評価することも重要なポイ

ントである。

　また地域の眼差しで考えると「ダウンサイジング」の社会技術の開発も急務の課題である。ESG 投資などグローバルで展開されるものをローカルに引きつける社会技術も不可欠である。これは一種のダウンサイジング技術であろう。例えば、証券会社を通じて発行される GB (グリーンボンド) などは、100 億円単位での販売・調達となり、ローカルでの事業規模にそぐわないことが多い。それらを最低でも 1/10 スケールにダウンサイジングできれば、多様な可能性が存在すると考えている。ただ、このダウンサイジングは相当な困難が存在する。これまでそういった発想で地域は資金調達を考えてこなかったため、蓄積がない状態である。

　最後にこういった道具を地域で使いこなす人材を育成する必要がある。SIB に取り組むと自動的に地域の持続性が高まる、高めることができるというのは幻想である。SIB にしてもあくまでも「道具」であり、それらを活用し地域の未来を描くには戦略が必要だ。つまりそれらを道具として位置付け活用することのできる地域公共人材の育成や方法論の開発が必要だ。相転移モデルも含めて、経済合理性をある意味で越えていき地域経済循環や共通価値を創造するという点でそれらを統合的に構築できる人材が極めて少ない。

3-5 おわりに

　「民間公益活動を促進するための 休眠預金等に係る資金の活用に関する法律」(通称「休眠預金活用法」) が 2016 年 12 月に成立した。10 年以上出し入れがない預金を「休眠預金」とし、社会的に活用することができる法律が議員立法によって成立し、2019 年秋頃から活用団体に交付されることになっている。休眠預金は、払戻額を差し引いても毎年 700 億円にのぼると言われている。この資金をこれまでの補助金や助成金のように漫然と「消費」するのか、それとも地域のチカラをつないだり、引き出したりするテコにし、地域経済循環や人材育成につなげていく仕組みを地域で準備できるのかで地域の未来は大きく変わってくる。休眠預金制度は資金の性質から立法段階からインパクト測定が必須とされてきた。先述した課題も多い中、休眠預金によりかなり多くの事業に

おいてインパクト測定が試行されることになる。それらを元に地域の持続性や社会的包摂の観点からインパクト測定の方法論が確立され、知の構造化が行われることが期待される。

■参考文献

深尾昌峰 [2017]、「ローカルファイナンス概念と社会的投資」(2017 年 3 月『龍谷大学政策学論集』第 6 巻、pp.29–37)。

櫻井あかね [2018]、「固定価格買取制度導入後のメガソーラー事業者の地域性」、日本エネルギー学会誌 97 (12), pp.379–385, 2018、一般社団法人日本エネルギー学会。

GSG 国内諮問委員会編 [2019]、「日本における社会的インパクト投資の現状 2018」(2019 年 3 月)。

深尾昌峰 [2017]、「地域の力を高める社会的投資の可能性」、2017 年 6 月『ガバナンス』。

第 10 回ローカルサミット in 東近江実行委員会・西村俊明 [2017]、『東近江 —— 地方創生のカギは地域の中にある』、2017 年 12 月、農楽発行。

(深尾昌峰)

第 **4** 章
包摂的発展に向けての人材育成
── ソーシャル・スキルへの一考察

4-1
LORC と人材育成

　LORC は 2003 年の第 1 期立ち上げ以来、一方では持続可能な社会、協働型社会といった目指すべき社会像を追究しつつ、他方でそうした社会の担い手としての人材像をも併せて研究してきた。その結果生み出された人材像が地域公共人材であることはよく知られている。地域において住民と連携しながら、公的セクター (自治体)、民間営利セクター (企業)、民間非営利セクター (NPO)の垣根を越えた関係性を構築しつつ、地域の公共的活動や政策形成を主導及びコーディネートできる人材のことである。そして、その人材が身につけた能力を可視化させることが重要だとの認識に至り、地域公共人材の能力を社会的に評価し、認証することによって付与する地域公共政策士という資格制度も考案した。

　2014 年度から始まる LORC 第 4 期においても人材育成に関わる研究は重要な課題の 1 つであった。LORC 第 4 期の研究テーマは限界都市化の流れに抗する持続可能な地方都市行政の「かたち」をどう実現するかにおかれたが、それを実現するためには政策開発と人材育成を結合させる形での地域政策実装化が必要であると考えてきたのである (白石 [2017] p.3)。また、今期 LORC は

OECD の GOV (公共ガバナンス及び地域開発局) と共同研究を行ったが、その研究のキーワードになったレジリエンスをめぐる議論においても、地域レジリエンスを高めるためには、「経済」、「社会」、「環境」、「組織」といったレジリエンスの促進要素に関与するアクターが、ビジョンを共有し地域社会に貢献する意識をもつこと、いいかえれば地域社会の中で公共マインドを涵養することが重要であることをあきらかにしたが、そこにも人材、そしてその育成が鍵となるという考え方が貫かれている (的場・白石・阿部 [2017] p.251)。

　本章では、LORC 4 期のまとめとしてのこの叢書における中心的概念である「包摂的発展」との関連において人材育成はどのような意味をもっているのかを検討する。包摂的発展という言葉は、限界都市に抗する持続可能な地方都市行政の「かたち」につながる新しいアプローチないし指針の表現として使っている。現在を見つめつつ、迫り来る未来を包摂的発展という観点から見通そうとしているわけである。人材育成との関連では、地域公共人材、地域公共政策士が身につけるべき能力の中心は、特定の職業を念頭においたものではないという意味において汎用的スキルであること、さらに社会へのコミットメントを意識しているということから、「ソーシャル・スキル」(social skills) という言葉で表すことができると考えている (白石 [2017] p.6)。本章では包摂的発展という将来展望における人材育成の意義をあきからにするとともに、その中でソーシャル・スキルはいかなる意味をもつのかを究明することにする。

　ところで、ソーシャル・スキルは汎用的スキルの一種と捉えられるが、汎用的スキルの英語表現である generic skills 及びそのカタカナ表記である「ジェネリック・スキル」は、他の類似の言葉と同様に一定の意味内容を込めた用語として固有名詞的に使われている。その意味内容とは、第 2 の近代・ポスト近代的時代状況、すなわちグローバル化、脱工業化、知識経済化が進むことによって急激に変化し、不安定化する現代社会において求められるようになり、また 1990 年代以降において多くの先進国で共通して教育目標に掲げられるようになった能力のことである。この能力に関しては、国内外において様々な用語、概念で語られている。日本では、「基礎的・汎用的能力」(中央教育審議会、以下中教審と略記)、「社会人基礎力」(経済産業省)、「人間力」(内閣府)、「就職基礎能力」(厚生労働省)、「学士力」(文部科学省) などがそれであり、海外では先の

ジェネリック・スキル以外にも「キー・コンピテンシー」(key competencies)、「エンプロイヤビリティ」(employability)、などといったものがある。本章では、松下佳代にならって、それら能力に関する諸概念を〈新しい能力〉と総称することにする (松下 [2010] p.2)。

次節では、そうした〈新しい能力〉が重要視されることになる歴史的背景を考察する。より具体的には、世界史的な流れにおける第1の近代から第2の近代、あるいは近代からポスト近代への移行に伴って社会的リスクのあり方が変容し、そうしたリスクの変容に対応し、切り抜けることのできる柔軟で汎用性のある能力すなわち〈新しい能力〉が中心的主題としての浮上してくる経緯をまず検討する。次いで、新しい社会的リスクへの対応策としての社会的包摂という考え方、及びそれを具体化する手段、方法の1つであるところの「社会的投資」(social investment) という政策の特徴をあきらかにするとともに、社会的包摂と社会的投資との関連において本書で設定した包摂的発展という分析視角、立場の意義をあきらかにする。4-3節では、社会的投資の主たる内容であるところの人的資本への投資によって育成が目指される〈新しい能力〉をめぐる日本と欧米における議論を紹介するとともに、そうした〈新しい能力〉が問われる意味合い及び〈新しい能力〉の捉え方における日本と欧米の違いをあきらかにする。4-4節では、LORCの人材育成に関わる取り組みを振り返りながら、LORCが地域公共人材に求められる能力として概念化した〈つなぎ・ひきだす〉能力をソーシャル・スキルと捉え返し、ソーシャル・スキルを〈新しい能力〉の一種として見なした場合に、ソーシャル・スキルという能力像を検討する上で留意すべき事柄は何なのかをあきらかにする。

4-2

〈新しい能力〉が主題となる歴史的背景と 社会的包摂、社会的投資の考察

4-2-1 第2の近代と新しい社会的リスク

20世紀後半以降の歴史的な時代状況の変化については、近代からポスト近代、第1の近代から第2の近代、あるいは前期近代から後期近代などといった様々な言葉で語られる。ポスト近代という場合には、近代の枠組みからの離脱、

超越の側面により焦点が当てられるのに対して第2の近代、後期近代という場合には、近代の必然的帰結あるいはその徹底化とみるという点で近代とのつながりがより重視されるという違いがあるが、先行する近代からの移行が時代を画するような社会・経済構造の大きな変容によってもたらされたという点ではそれらの立場は認識を共有している。社会・経済構造の変容をもたらした要因としては、グローバリゼーションの進展と産業構造における脱工業化がよく挙げられる。グローバリゼーションとは、ヒト、モノ、カネそして情報が国民国家の境界を越えて自由に移動することから生じる地球的規模での相互依存性の増大と統合の進展のことである。グローバリゼーションが先進国はもとより発展途上国を巻き込むことにより、後者から安価な製品が前者へ輸出されるようになって先進国の製造業は海外移転や廃業を余儀なくされる。そのこともあって先進国では産業構造の脱工業化が進む。製造業、第2次産業が衰退し、それに替わって介護や育児の労働集約的対人サービスや情報・知識・金融に関わる高度サービスなどの第3次産業が拡大していくのである。

　先行する近代からの移行の様態については、フランスのレギュラシオン学派が主唱し、一般化した「フォーディズム的蓄積体制 (少品種大量生産) からポスト・フォーディズム的蓄積体制 (多品種少量生産) へ」といった対比が有名であるが、第1の近代から第2の近代へといった捉え方をするウルリヒ・ベックの場合は、「標準化された完全就業システムから柔軟で多様な部分就業システムへ」といった形で変化の様態を表している。第1の近代では労働が高度に標準化され、労働と非労働の線引きが空間的・時間的に固定されていたものが、後期近代では労働が弾力化、柔軟化され、労働と非労働の境界も流動化するというのである (ベック [1998] pp.275–293)。ベックはまた、第1の近代から第2の近代への移行を富の分配が中心の社会からリスクの分配が中心の社会への転換とも捉えている (ベック [1998] p.23)。第1の近代では貧困問題を解決するために生産された富をいかに分配するかが社会の課題であったのに対して、物質的貧困が人類の技術的生産力や社会福祉国家的な保障などによって軽減されることによって、第2の近代では科学技術の発展がもたらす様々なリスク、すなわち放射能、遺伝子操作などの環境的・技術的リスクや失業などの社会的リスクをいかに処理するかが社会の課題になるというのである。

同じくリスク概念をもちいながら福祉国家の転換と絡めて現代における「新しい社会的リスク」(new social risks) の登場を論じているのは、ピーター・テイラー-グッビィやジュリアーノ・ボノリらである (Taylor-Gooby [2004]; Armingeon/Bonoli [2006])。テイラー-グッビィは、「新しい社会的リスクとは、脱工業化社会への移行に伴う経済的・社会的変動の結果として、現代において人々がその生涯において直面するリスク」(Taylor-Gooby [2004] pp.2–3) であるという。第2次世界大戦後の福祉国家の黄金期においては、男女性別役割分業の下で一家の稼ぎ主であった男性の安定した雇用が前提としてあり、社会的リスクは彼が人生の過程において経験する失業、疾病、退職などに伴う所得喪失が主たるものであった。だが、グローバル化、脱工業化が進行するにつれて、雇用と家族の安定が揺らぎ、少子高齢化や女性の社会参加にともなう育児や介護の問題の浮上、非正規雇用の拡大や若年長期失業者やワーキングプアの増加といった新しい社会的リスクが普遍化すると捉えるのである。第2の近代ではリスクの現れにおいて個人化が進むことも特徴である。家族、階級などの伝統的結びつきや社会形態から解き放たれる結果、一方で個々人の人生が各人の選択によって自由に決定されるようになるが、他方で解放された個人はますます労働市場、教育、社会保障などの制度に依存し、コントロールされていくことにもなる (ベック [1998] pp.258–261)。第2の近代においては個人が新しい社会的リスクを引き受け、それに対処しなければならなくなるのである。

〈新しい能力〉つまり柔軟で汎用性のある能力への要請は、そうしたリスクの普遍化、個人化を背景にしていることは間違いない。労働市場や生産組織の可変性、流動性あるいは複雑性、不透明性が高まる中で、人々は何よりもワークキャリアを、加えてライフキャリアを自らマネージメントしていくことが求められる。より具体的には、その都度の状況において変化する需要へ感応する能力や継続的に自己変革する能力を養っていくことが求められるのである。

4-2-2　新しい社会的リスクへの対応としての社会的包摂

ここでは、新しい社会的リスクへの対応策としての社会的包摂とその対語である社会的排除という概念について考察する。社会的包摂の対概念である社会的排除は社会問題を捉える概念であり、社会的包摂はそれへの対策に関わる

概念である。それらの対語、特に社会的排除は、「フランス生まれ、EU 育ち」の言葉だとされる (岩田 [2008] pp.16–18)。フランスでは、その言葉がすでに1960 年代の貧困者救済活動の現場で使われていたのであるが、政府関係文書にも登場しメディアや研究者が注目するようになって現代の社会問題を語るキーワードになったのは 1980 年代であるとのことである (福原 [2007] pp.12–13)。EU の舞台では、1980 年代後半に、ミッテラン社会党政権で蔵相を務めた後、欧州委員会の委員長に就任したジャック・ドロールによって欧州共同体に持ち込まれ、1993 年に創設された EU において社会政策におけるキーコンセプトとなっていったとされている。

　社会的排除と社会的包摂の概念としての特徴は、前者については貧困の概念、後者については所得再分配という政策との対比で捉えることができる。資本主義がもたらす過酷な生活状態が露わになっていった 19 世紀末以来、社会問題の中心概念は貧困概念であったわけであるが、社会的排除概念はそれに代わるものとして登場したとされる。両者の違いは、1 つには、貧困概念は資源の過小や所得の欠如といった経済的要因に焦点を合わせがちであるのに対して、社会的排除概念は経済的要因に加えて雇用や教育、住宅等といった多様な要因をも視野に入れ多次元的、総合的に社会問題をみようとしていることである。2 つには、貧困概念が資源の過小等の経済的要因から生じる「結果」を問題にするというように静態的な概念であるのに対して、社会的排除概念は不利、リスクの累積的な重なりによって困難が生じる「過程」を重視するというように動態的な概念であるという点である。3 つには、貧困概念は階級などの要因によって規定されるところの「上と下 (up and down)」の関係からなる「垂直社会」を想定しているのに対して、社会的排除概念は社会の主流に属しているか、周辺に追いやられているかというように「内と外 (in and out)」の関係からなる「水平社会」をイメージしている、といった違いがあるとされている (石田 [2010] pp.19–20)。

　次いで、所得再分配の政策と社会的包摂の政策の違いであるが、それはそれらが対応すべき社会的リスクの性格の違いと関わっている。前者は古い社会的リスク、後者は新しい社会的リスクへの対応策であるが、両者は以下の 3 つの点において違いがある。1 つは政策の制度領域の違いである。福祉国家段階に

おける古い社会的リスクは、一家の稼ぎ主である男性の抱えるリスクつまり失業、退職、病気等による所得喪失が中心であった。それゆえそれへの対応策としては、失業手当、年金、公的扶助といった形で現金給付を行うこと、つまり所得の再分配が主たる政策であった。これに対して、ポスト福祉国家段階の新しい社会的リスク、すなわち家族の揺らぎに伴って生じる育児や介護への需要の拡大、あるいは雇用の揺らぎに起因する非正規雇用の拡大や長期失業者の増加に対しては、保育・介護サービスや教育・職業訓練などの現物給付を通じて社会への参加、包摂をはかっていくことが主たる政策となるのである。2つは、政策実施の時期の違いである。repair から prepare へ (Hemerijck [2013] p.ix) という言葉で表されるように、所得再分配は失業手当、年金の給付のように失業や退職などといった形で生じたリスクに対して事後的に対処するものであったのに対して、社会的包摂の場合は、その主たる政策である保育、介護といった支援サービスであれ、教育・職業訓練であれ、事前の対処によって労働市場への参加、包摂を間接的、直接的に促進するものであるという違いがあるのである。3つは、政策の方向性の違いともいうべきものである。古い社会的リスクへの対応策としての失業手当等の給付や高齢者の早期退職による若者失業者向けの雇用の創出などといった政策は消極的労働市場政策といわれるが、いずれも労働市場からの退出を念頭においたものであるところから来ている。他方、新しい社会的リスクに対する施策の例として、失業者への教育・職業訓練や職業斡旋などは積極的労働市場政策とされ、また保育サービスも女性の労働参加を促進する意味から積極的社会政策と呼ばれたりする。それらは労働市場へ参加ないし復帰を目指したものであるところからそう呼ばれるのである (Bonoli [2013])。

4-2-3　社会的包摂を具体化する政策としての社会的投資

　本章では社会的包摂の考え方を具体化する手段の1つとして社会的投資の政策に注目しようとしているのであるが、両者の関係については少し説明が必要であろう。社会的包摂と社会的投資のどちらも政策として捉えているが、より正確にいえば社会的包摂は目的ないし結果の状態を示すものであるのに対して社会的投資はその目的、結果を実現するための手段、方法を表していると

いえるであろう。ところで、社会的包摂については、それを実現する手立てとしては次のような方法がよく紹介される。それらの方法は大きく区分すると、社会的包摂の場を労働市場におくか否か、あるいは就労と福祉の受給とを連携させるか否かによって2つのタイプに分けられる。労働市場への包摂あるいは就労と福祉の連携を重視する政策はワークフェア (workfare) であり、労働市場以外の場への包摂あるいは就労と福祉を切り離す政策はベーシックインカム (basic income) と呼ばれる。ワークフェアはさらに2つのタイプに分けられる。1つは、アメリカなどの自由主義的福祉国家における福祉改革でとられた考えであり、社会扶助や失業手当の受給資格として就労が義務づけられ、就労忌避の場合には福祉給付を停止するという制裁が加えられたところからハードなワークフェアないし狭義のワークフェアといわれる。他方、スウェーデンなどの社会民主主義的福祉国家でとられた政策の場合は、福祉の目的が就労の支援におかれ、職業訓練などを通じて失業者の再雇用を容易にする積極的労働市場政策が重視されたところから、ソフトなワークフェアあるいはアクティベーション (activation) と名付けられている (埋橋 [2003] pp.316–320; 宮本 [2004a] pp.22–25)。ベーシックインカムは、就労義務や所得調査なしで無条件に、すべての個人に対して定期的に支給される最低保障水準の現金給付のことである (小沢 [2002])。

さて、社会的投資であるが、この政策ないし戦略は福祉国家の行き詰まりを打開する、つまりポスト福祉国家の新しい政策パラダイムとしてヨーロッパを中心にして1990年代に登場した考えだとされている (Morel *et al.* [2012] pp.8–14)。具体的には、社会的投資とは、「現在ないし将来における労働市場への参加を支援することや新しい社会的リスクや貧困に対処することを目的として、人的資本への投資という形で支出が行われる」ことを意味するとされている (Morel *et al.* [2009] p.18)。この政策は旧来の福祉国家政策とも異なるが、最大の特徴は1980年代以降世界的に多大な影響をもった新自由主義に対抗するものとして現れた点にある。新自由主義の考えにおいては福祉ないし社会政策を経済にとってのコスト、経済成長の阻害要因とみて、その削減がもっぱら主張されるのに対して、社会的投資の考えでは福祉を「投資」、あるいは社会政策を「生産要因」(productive factor) と捉え直して、その拡充に重きが置かれる

ところに違いがあるのである。福祉を投資と考えることは「見返り」があることを想定したものであり、具体的には人的資本への投資によって個人の潜在能力が開発されて、何よりも経済成長や税収の増加、新規雇用の創出などの「経済的見返り」を生むと捉える。加えて、社会的投資論を主張する論者は、「社会的見返り」つまり、すべての人にとっての良質な生活を保障し、より連帯意識の強い社会を築くという成果も生むとも考えるのである (パリエ [2014] p.12)。

では、社会的投資と上記の社会的包摂の 3 つの方法との関係はどう考えられるか。社会的投資は人的資本への投資、すなわち教育・訓練サービスといった形での現物給付の政策であり、現金給付型のベーシックインカムとは政策としての性格を異にしているといえよう。またハードなワークフェア=狭義のワークフェアは就労を義務づけることを主眼としており就労に向けて教育・訓練サービスを供給することは本来は視野に入っていない。ということからするとソフトなワークフェア=アクティベーションの方法が社会的投資の主旨と通底する方法であるといえるであろう。しかし、社会的投資をめぐる議論では、その政策を具現化するアプローチは 1 つではなく、2 つの異なる理念的潮流、政策志向があるとされている (若森 [2013]; 濱田 [2014])。その 1 つはイギリスのブレア政権及びそのブレーンであったアンソニー・ギデンズが唱えた「第 3 の道」の考え (以下「第 3 の道」アプローチと呼ぶ) であり、もう 1 つは北欧の社会民主主義及びそれを基礎づけたイエスタ・エスピン-アンデルセンの考え (以下「社会民主主義」アプローチと呼ぶ) である (Giddens [1998]; Esping-Andersen *et al.* [2002])。

両者は教育・訓練サービスの供給、人的資本への投資を重視する点で立場を共有しながらも、次のような点で違いがある。1 つは平等観においてである。前者は市場競争の前提条件としての機会の平等を強調し、結果の不平等や格差については経済のダイナミズムを促すとして是認する立場をとるのに対して、後者は今日では「いま、ここでの平等」の実現は難しくライフコースを通しての平等の実現を目指さざるをえないとはいえ結果の平等それ自体は経済効率の追求にとっても重要な要素であると考えている。2 つは失業給付や年金などの事後的・消極的社会政策への支出についての見方である。前者は、それらの支出を不生産的なものであり、失業の罠、貧困の罠に陥らせることにもなると否

定的に捉えるのに対して、後者はそれらの社会支出を労働者の人的資本を維持し貧困リスクを制限する措置であるとして肯定的に捉えるという違いがあるのである (若森 [2013] pp.7-8)。

4-2-4 包摂的発展に向けて —— 社会的投資との関連で

　包摂的発展については、序章において、まず発展という言葉を取り出して成長の概念と対比しつつ発展の概念の含意を敷衍化してみた。次いで EU の包摂的成長の登場の経緯と意味を考察しながら包摂的成長と包摂的発展の考え方の違いをあきらかにした。発展の概念の関連では、それがアマルティア・センの潜在能力という捉え方を基礎におく人間開発指標へ具体化されたことや 2000 年代以降ミレニアム開発目標、持続可能な開発目標といった形でグローバル・レベルにおいて共有すべき目標として展開されていったことに注目した。

　ここでは、EU の包摂的成長の考え方を改めて確認しつつ上記の社会的包摂、社会的投資をめぐる議論と関連させながら包摂的発展の意味をより深めることにする。EU は 2000 年に採択されたリスボン戦略の後継戦略として 2010 年に「欧州 2020」という新たな長期戦略を定めたのであるが、包摂的成長は、知的な成長、持続可能な成長と並んで、その戦略の中で優先事項として定められた成長に関わる 3 つの目標のうちの 1 つとして位置づけられたのである。欧州 2020 には、経済的効率性を重視して成長や雇用を優先する新自由主義とは異なる、リスボン戦略以来の一貫した EU のスタンスがうかがえる。経済的効率性すなわち経済の持続可能性のみならず、環境の持続可能性、社会の持続可能性も重視していることや成長のあり方についても特に包摂的成長に関わる福祉に関してそれを成長にとっての阻害要因としてみるのではなく生産要因としてみるという立場をとっていることなどにそれは現れている。

　ただ、戦略の目標としてはそうした立場に立ちつつも、2000 年代以降の EU における実際の政策展開においては、経済成長率や就業率の目標達成の遅れという事情もあって、成長、雇用をより重視すべきだという主張が EU の内部においても台頭して社会的保護、社会的包摂を副次的な位置におくような状況が出たり、それに対して社会的保護の担当部局やそれを支持する NGO が異議を出すといった動きまで見られたことは序章でも触れたとおりである。そうした

政策をめぐる対立の背後に、先に見た社会的投資をめぐる2つの理念的潮流、政策志向の対抗関係が存在すると考えられる。EUの包摂的成長におけるそうした2つの潮流、志向との関係でいえば、包摂的発展という概念を選択している我々の立場は、社会的保護、社会的包摂をより重視する「社会民主主義」アプローチの立場に近いといえるであろう。

　包摂的発展の考え方をさらに深めるために社会的包摂、社会的投資をめぐる議論と関わらせて論点を取り出してみよう。包摂的発展との関連で重要だと思われるのは、社会的包摂と関わっていえば、社会的包摂を実現する場として労働市場を考えていることをめぐる問題である。社会的投資による社会的包摂の場合には職業教育・訓練による支援を前提としていることから就労を強いたり義務づけたりするハードなワークフェアとは異なるとはいえ、それでも「社会への包摂」を「労働市場へ包摂」に切り詰めていくことは問題だとする批判は根強い。こうした批判に対する社会的投資の枠組みを前提にした対応としては、一般的就労への移行を念頭に置きつつ、橋渡しの期間、場所を設けて移行を緩やかにする方策が考えられる。

　その1つが「媒介的労働市場」(intermediate labor market)、あるいは「中間的就労」というものであり、特に長期失業者や生活保護受給者など就労に困難を抱える人々を対象にして、実際に雇用しつつ、職業教育・訓練の支援や生活リズムの再建などの生活支援を行ったりすることによって一般的就労への橋渡しをする方策である (宮本 [2004b]; 米澤 [2011])。この方策は、タイムスパンとしては中期的な手立てであるが、より長期的な手立てとしては、ライフコースの視点から、労働市場を中軸に置きながらも、教育・訓練、家庭 (育児や介護)、失業、障碍・退職という 他の4つの領域との間において双方向の移動を可能とするような、所得保障を伴う保護された仕組み (移行的 (架橋的) 労働市場 (transitional labour markets)) を作るという方策がある (Schmidt [2002])。また、幼少期における社会的投資を重視する方策もライフコースの視点からする重要な手立てである。成人期以後における労働市場のリスクや貧困が幼少期の家庭環境を背景とする教育投資の差別化に起因するとのことから、成人期よりも幼少期への社会的投資の方がライフコースを通しての平等の実現にはより効率的かつ効果的だといえるからである (Esping-Andersen [2002])。

包摂的発展との関連で社会的投資と関わる論点として重要なのは、社会的投資は教育・訓練重視の政策であるが、こうした政策は結局のところ社会保障の「教育」化によって社会権の基礎を掘り崩すことになるのではないかという批判をめぐる問題である (仁平 [2009])。これについては、確かに先に紹介したイギリスにおける「第3の道」アプローチでは子供や若者への教育・訓練重視の政策が貧困者や失業者の所得保障軽視の政策と並行的に実施されていったことからしてそうした批判を招くのは至当であるが、「社会民主主義」アプローチにおいては、教育と社会保障の関係は「第3の道」アプローチのごとく相互排除的ではなく相互補完的なものとして位置づけられている。つまり年金や失業手当といった「補償型政策」(compensatory policies) への支出を削減せずに「投資型政策」(investment policies) への支出を増やして行っているのである (Nikolai [2012])。

さらに「社会民主主義」アプローチの特徴は、年金や失業手当といった現金給付型の所得保障に加えて、保育や介護あるいは保健、住宅、リハビリなどといった現物給付型の社会サービスを重視していることである。このアプローチの立場は、序章でも紹介されている EU の積極的包摂 (active inclusion) という政策と通じている。その政策は、労働市場への包摂を基軸に置きつつも、十分な所得補助、さらに質のよい社会サービスの供給といったように3つの柱からなる政策ミックスを提供するというものである。こうした包括的な政策が必要であるのは、この政策が主としてターゲットにしているのは「労働市場からもっとも離れた人々」あるいは「就業にもっとも困難な人々」であるからである (石田 [2016])。

以上の考察からいえることは、包摂的発展の立場、すなわち、基本的な潜在能力が奪われた状態を貧困と見なし、潜在能力を拡充させることを福祉と捉えるセンの思想を基礎におく立場からすれば、社会的包摂 (目的、結果) と社会的投資 (手段、方法) という枠組みを受け入れながらも、「就業にもっとも困難な人々」を念頭に置いて、社会的包摂との関連では「労働市場への包摂」を和らげあるいは緩やかにする手立て (媒介的労働市場、移行的労働市場など) を講じることが重要であり、社会的投資との関連では、人的資本への投資すなわち教育・訓練サービスの供給を基本にしつつ所得保障や対人社会サースの施策を組

み込むことが必要であるといえるのである[1]。

4-3
〈新しい能力〉をめぐる欧米と日本の議論

4-3-1 〈新しい能力〉が問われる文脈の違い ── 欧米と日本

　第2の近代において現れる新しい社会的リスクにさらされて社会から排除された人々を社会に包摂するための新しい政策パラダイムとして登場した社会的投資と関連させながら包摂的発展の意味するところを深めてみたが、この節では社会的投資すなわち教育・訓練を通じて個人が向上させるべき能力としてクローズアップされている〈新しい能力〉をめぐる議論を取り上げる。先に見たように〈新しい能力〉概念については様々な概念、用語が出されながら活発な議論が国内外でこの間展開されてきたが、この概念のルーツは職務上の優れた業績を生みだす能力に関する研究にあるとされるように (松下 [2010] pp.11–12)、〈新しい能力〉概念をめぐる議論は労働、雇用の問題と関わって浮上してきたことは間違いない。しかし、日本と欧米における労働市場のあり方の違いを反映して、〈新しい能力〉が問われる文脈が異なっていることに留意する必要がある。

　欧米の労働市場は、労働契約で職務、勤務地などを限定するジョブ型雇用が中心であり、雇用者は職務記述書に書かれた限定された範囲、内容の仕事しかしないというのが従来の職務のあり方であった。しかし、グローバル化、脱工業化、知識経済化は急速な技術革新や多様化した消費者ニーズ、新しく創出された業務などに対応しうる人材を必要とすることから、雇用者が従事する職務の従来のあり方のもつ狭さ、限定性が問題となって、それを拡大、柔軟化しなければならないという意味合いにおいて〈新しい能力〉つまり汎用的能力が求められるようになったわけである。これに対して、日本の労働市場は、労働契約において職務、勤務地を限定しないメンバーシップ型雇用が中心となってお

---

[1]包摂的発展の観点からいえば、労働、雇用の質に関わる問題、ディーセントワーク、QWL (Quality of Working Life) についても考慮に入れる必要があり、また労働、雇用に関わる需要サイドの問題も視野に入れる必要がある。後者についていえば、世界的に、特にEUにおいて緊縮政策が強められつつある現状においては、供給サイドからいくら社会的投資を強めても失業率は減らず、就業率も向上しないからである。

り、採用時には、職業能力は問われずに採用後の教育・訓練を通じて職業能力を伸ばしていける潜在能力の有無が問われてきた。特定の職業、職務に関する能力ではなく多様な職務への訓練可能性という意味で汎用性のある能力が求められてきたわけである。

　では、〈新しい能力〉が汎用的能力、スキルであるとして、なぜ殊更今日において、日本で政府や経済界が社会人基礎力のような汎用的能力の育成を大学を含む学校に対して求めるようになったのか。従来日本の企業は、大卒者の採用において在学中の学業成績の善し悪しはほとんど考慮することがなく、それよりも大学入学時の学力、より具体的にいえば偏差値を重視してきたことはよく知られたことである。その理由としては、基礎学力の指標と大卒者の採用後の訓練可能性には相関関係があり、基礎学力は厳しい受験戦争の下で大学入試に向けての学習過程で形成され、その学力水準は偏差値によってはかりうると見ていたからである。ところが、18歳人口の減少による大学入学の容易化や推薦入学枠の拡大などによって、大学入学への関門をくぐる過程において形成されてきた基礎学力が現在では大学生の多くに身につかなくなってきたのである。その結果、企業そして政府は、社会人基礎力等の汎用的能力を独立した要素とみなして、意識的に大学に対してその育成を求めざるをえなくなったということなのである。

4-3-2　〈新しい能力〉をめぐる議論の収斂 ── 欧米と日本

　〈新しい能力〉については国内外において様々な概念、用語が提示されたことはすでに触れたが、そうした乱立状況を整理して共通理解がえられるようにする作業が、日本でも欧米でも起こった。日本では中教審が中心となって「基礎的・汎用的能力」という概念で、欧米ではOECDがリーダーシップをとって「キー・コンピテンシー」(key competencies) という概念で〈新しい能力〉を捉えるかたちで収斂していったようである。まず、両概念の登場の経緯と内容を検討してみよう。

　基礎的・汎用的能力は、2011年1月の中教審答申『今後の学校におけるキャリア教育・職業教育の在り方について』において定式されたものであり、「分野や職種にかかわらず、社会的・職業的に自立するために必要な基盤となる能

力」を意味し、キャリア教育を通じて育成されるものであるとされ、具体的には、「人間関係形成・社会形成能力」「自己理解・自己管理能力」「課題対応能力」「キャリアプランニング能力」という4つの能力から成るものとされた（中教審 [2011] pp.25–27)。この答申では、他方で職業教育を「一定又は特定の職業に従事するために必要な知識、技能、能力や態度」と定式化し「具体の職業に関する教育を通して行われる」と位置づけて、育成する能力、教育活動のあり方においてキャリア教育とは明確に区別している。

　しかし、キャリア教育と職業教育は従来においては必ずしも区別されていたわけではなかった。キャリア教育という言葉が文部省の政策文書においてはじめて登場したとされる 1999 年の中教審答申『初等中等教育と高等教育との接続の改善について』では、キャリア教育は、「望ましい職業観・勤労観および職業に関する知識や技能を身に付けさせるとともに、自己の個性を理解し、主体的に進路を選択する能力・態度を育てる教育」（中教審 [1999]) と書かれており、2011 年中教審答申で職業教育に組み入れられた内容も含まれている。また、「学校教育と職業生活との接続の改善の具体的方策」という脈絡でキャリア教育という言葉が使われたため、教育現場ではキャリア教育に新規学卒者を定職に就かせるための手段としての役割が期待されたり、キャリア教育と職業教育とをほぼ同一視する捉え方が生まれたりしたとされている。そうしたことの背景には、1990 年代後半以降におけるニート・フリーター問題に象徴される若者の雇用をめぐる厳しい状況があったことはいうまでもない（藤田 [2015] p.60)。その後 2011 年中教審答申においてキャリア教育は職業教育と明確に区別されるようになったのであるが、そのようにキャリア教育が職業教育と切り離されることをめぐっては厳しい批判を呼び込むことになるが、そのことは後に触れるとする。

　基礎的・汎用的能力概念の形成の経緯についていえば、2002 年に国立教育政策研究所生徒指導研究センターが出した報告書『児童生徒の職業観・勤労観を育む教育の推進について』（国立教育政策研究所 [2002]) において提示され、学校関係者にも広がった「職業的 (進路) 発達にかかわる諸能力」(「4 領域 8 能力」) を主軸にしつつ、その不十分点を是正するとともに、各種能力論を参考にして開発されたものであるとされている。「4 領域 8 能力」は、キャリア教育で

必要な力を人間関係形成能力、情報活用能力、将来設計能力、意思決定能力の4つの領域にまとめ、さらにそれぞれの領域を2つずつの能力で示したものであるが、高等学校までの想定にとどまり生涯を通じて育成される能力という観点が弱いという不十分点があったとされる[2]。基礎的・汎用的能力では、その不十分点を是正するとともに、各種能力論たとえば社会人基礎力において重視されていながら「4領域8能力」においては必ずしも前面には取り上げられてこなかった「忍耐力」「ストレスマネジメント」などの「自己管理能力」の側面を加え、仕事をする上での様々な課題を発見・分析し、解決する力、すなわち「課題対応能力」に関する要素を強化したものとされている(国立教育政策研究所 [2011a] pp.31–34、[2011b] p.14)。

　他方、キー・コンピテンシーは、OECDが〈新しい能力〉をめぐる多様な議論を整理するために1999～2002年にかけて行った「コンピテンシーの定義と選択：その理論的・概念的基礎」プロジェクト (Definition & Selection of Competencies: Theoretical & Conceptual Foundations、略称 DeSeCo) の成果として、多くの加盟国が参加して国際的合意を得た新たな能力概念である。DeSeCoはキー・コンピテンシーを「知識、スキル以上のものである。それは特定の文脈において、心理的・社会的資源 (スキルや態度を含む) を引き出し、活用しながら、複雑な要請に応えていく能力を含んでいる」(OECD [2005] p.4) と定義づけている。また、キー・コンピテンシーを次の3つの広域的カテゴリーからなるとしている。(1) 言語や技術などの道具を相互作用的に活用する能力、(2) 異質性の高い集団において相互に関わり合う能力、(3) 自律的に行動する能力、である (OECD [2005] p.5)。(1) は対象世界との関係、(2) は他者との関係、(3) は自己との関係、というように能力が3つの軸において構造化されている。この3つの能力の中核に、変化に応じて、経験から学び、批判的スタンスで考え動く能力つまり、反省性 (reflectivity) が存在するとされている(松下 [2016] pp.144–146; ライチェン/サルガニク [2006] pp.202–203)。

　日本では、汎用性のある能力、スキルすなわち基礎的・汎用的能力の育成を

---

[2]8能力とは、自他の理解能力、コミュニケーション能力 (人間関係形成能力の領域)、情報収集・探索能力・職業理解能力 (情報処理能力の領域)、役割把握・認識能力、計画実行能力 (将来設計能力の領域)、 選択能力、課題解決能力 (意思決定能力の領域) である。

はかるキャリア教育と職業教育との関係が問題となっているが、欧米ではどうか。すでに述べたように、欧米では職業教育が育成を目指す専門的な職業能力だけではグローバル化、脱工業化、知識経済化という事態に対応できないということでキー・コンピテンシーなどといった汎用性のある能力の育成が昨今求められるようになったのであるが、しかしながら専門的職業能力と汎用的能力を必ずしも対立的に捉えているわけではない。たとえば、OECD は『若者の能力開発』という文書で次のように述べている。「学生に2種類のスキルのセットをバランスよく提供する必要がある。一つは非常に実践的な職業スキルのセットであり、それは学生を直ちに雇用可能で生産的な者にし、彼らの労働市場への参入を促進する (中略)。もう一つは幅広い汎用性のあるスキルのセットである。(中略) これらのスキルの中には、実践的なスキルの学習を下支えするもの、(中略) また変化する状況やスキル要件への適応力をあたえるものがある」(OECD [2012] p.74)。

4-3-3 〈新しい能力〉の捉え方の違い —— 欧米と日本

　以上を踏まえながら、日本の基礎的・汎用的能力と欧米のキー・コンピテンシーの違いを考察してみよう。考察の手がかりは、職業教育と切り離されて基礎的・汎用的能力の育成に傾斜していく日本のキャリア教育を厳しく批判した本田由紀の主張である。能力には知識やスキルなどの認知的側面・要素と意欲、態度、価値観などといった非認知的側面・要素があるが、〈新しい能力〉ではとりわけて後者の側面が重視されていることはいうまでもない。本田は、能力の非認知的側面すなわち意欲や態度などといった人間の「深く柔らかな部分」までもが不断に求められる状況は、「社会」が「個人」を裸にし、人間の存在のすべてを動員し活用するという、個人の尊厳を奪う、あまりにも過酷な状態をもたらすこと、また能力の非認知的側面は家庭環境によって大きく左右されるがゆえに、生まれの違いがあからさまな社会的不平等を生じさせること、さらに標準化され試験などで測定しやすい知識、スキルなどの認知的能力と違って非認知的能力は曖昧で流動的であり個人が保持を主張する上で多大な労力を要することなどにおいて大いに問題があるというのである (本田 [2005] pp.22–32)。

　日本のキャリア教育における基礎的・汎用的能力重視に対する本田のこう

した批判に対して、松下佳代は次のように指摘して DeSeCo のキー・コンピテンシーにはそのような批判は当てはまらないと述べている。「能力リストの一つひとつを直接、教育・評価の対象として措定しないことによって、人間の『深く柔らかな部分』を直接、操作の対象とすることが回避されている。また、それは単に労働力として動員・活用されるだけでなく、経済的・政治的・社会的・文化的な側面から自分の人生と社会の両方を豊かにしていくために、どの子どもも学校教育を通じて身につけるべき力ととらえられている」(松下 [2010] pp.32–33)。

　以上のような松下の評価は、DeSeCo のキー・コンピテンシーの持つ能力論としての特徴を次のように捉えるところからきている。DeSeCo は、コンピテンスを単に能力の構成要素 (認知的・非認知的) がモザイク細工的に組み合わされて成り立つような能力ではなく、特定の文脈において複雑な要求に応答するためにそれらの能力の構成要素 (認知的・非認知的) が結集され、統合されて始めて現れるような、関係の中で現出する能力と見ている。つまり能力を全体論的 (holistic) かつ文脈依存的に把握しているのである。そういう立場からすると、キー・コンピテンシーをなす 3 つのカテゴリーは能力のリストを意味するものではないし、それゆえに個々の能力の要素を抽出して、評価の対象にすることもないのである (松下 [2010] pp.20–30)。

　こうした DeSeCo のキー・コンピテンシーの捉え方は、包摂的発展論との関連で言及したセンの貧困、福祉の捉え方と同型であるといえる (亀山 [2009] p.95)。センは、個人のもつ資源それ自体ではなくその資源をもちいて何ができるか、何でありうるかが重要であるとの見方をとる。それら「… できる」「… である」といった状態、行動のことを機能 (functionings) と、その機能の組み合わせ、集合を潜在能力と呼び、その潜在能力の欠如を貧困、その拡充を福祉と捉えた。そして、何ができるか、何でありうるかは、個人のもつ資源 (能力要素) だけでなく文脈、社会環境によっても規定されているとしたわけである。個人の内的資源だけでなく、文脈、社会環境をも重視する点でDeSeCo のキー・コンピテンシーの理解と同じであるといえるのである。

　そうした能力観に加えて、DeSeCo においては、「何のための能力か」との問いに対して、個人の「人生の成功」のみならず「正常に機能する社会」の実

現を掲げ、個人と社会の双方に利益をもたらすと考えていることが重要である。というのは、能力をめぐる議論が特に日本では個人の成功に焦点を当てがちであるからである。さらに、DeSeCo の能力論の視野の広さも指摘しておく必要がある。一方では人生の成功という形で長期の時間軸において能力を考えていること、他方で個人の成功の要因として経済的地位・資源のみならず政治的権利・政治的参画や社会的ネットワークなどを挙げ、また正常に機能する社会の特質として経済生産性のみならず民主的プロセスや連帯・社会的結束、人権と平和、生態学的持続可能性なども組み入れているというように多角的で幅広い分野、視点から能力を考えているのである (ライチェン/サルガニク [2006] pp.128–148)。

DeSeCo のキー・コンピテンシー概念の特徴をあきらかにしてきたが、それとの対比で日本の基礎的・汎用的能力概念の特徴はどのように捉えることができるのか。まず、DeSeCo のキー・コンピテンシーの全体論的、文脈依存的特徴との比較における基礎的・汎用的能力の特徴であるが、全体論的というよりも要素主義的であり、文脈依存的というよりも脱文脈的であるように思われる。基礎的・汎用的能力を構成する 4 つの能力は、「包括的能力概念であり、必要な要素をできる限り分かりやすく提示するという観点でまとめたものである。この 4 つの能力は、それぞれが独立したものではなく、相互に関連・依存した関係にある」(中教審 [2011] p.25) とされながらも「各学校においては、この 4 つの能力を参考にしつつ、それぞれの課題を踏まえて具体の能力を設定し、工夫された教育を通じて達成することが望まれる」(中教審 [2011] p.25) とも述べられており、「コンピテンスを分割し、その重要度を序列化し、目標として各授業項目に配分し、その達成度合いを学習アウトカムとして評価する」(松下 [2007] p.114) というような要素主義アプローチの立場に教育現場が陥る可能性のある捉え方ともなっている。また、脱文脈的であるといえるのは、基礎的・汎用的能力と他の能力要素 (基礎的・基本的知識・技能、専門的知識・技能、価値観、意欲・態度など) との関係を表す図 (中教審 [2011] p.27) を見る限り、基礎的・汎用的能力は他の能力要素との間の内的な相互作用を通じて発揮されるかのように描かれており、文脈によって変化する対象世界や他者との外的相互作用を通じて現れるといったキー・コンピテンシーのような捉え方は

されていないようであるからである[3]。

　次いで、何のための能力かと関わっていえば、基礎的・汎用的能力の場合には、「社会的・職業的に自立すること」を中心にあくまで個人の人生の成功に焦点づけられており、キー・コンピテンシーのように個人的レベルに加えて社会的レベルという視点、つまり「正常に機能する社会」の実現という社会的目的のための達成手段という観点は弱い、あるいは見られないといえるであろう。だとすれば、こうした立場は、DeSeCo からすれば、「あまりに個人主義的で、限定的なアプローチを表している」(ライチェン/サルガニク [2006] p.143) といわざるをえないのである。キャリア教育が個人の尊厳を奪い、若者に負荷をかけすぎているといった本田のような批判が生まれるのは基礎的・汎用的能力論における社会的レベルという視点の欠如に起因するといえるかもしれない。

　最後に、視野の広さについていえば、キャリア教育が提唱された当初、キャリア教育が新卒者を定職に就かせるための手段と見なされていたと前述したが、時間軸、分野・視点のどちらにおいても狭い視野から能力の問題を捉えていたといえる。しかし、基礎的・汎用的能力を提起した 2011 年中教審答申では、キャリアの捉え方と関わって「人は、他者や社会とのかかわりの中で、職業人、家庭人、地域社会の一員等、様々な役割を担いながら生きている。これらの役割は、生涯という時間的な流れの中で変化しつつ積み重なり、つながっていくものである」(中教審 [2011] p.17) と述べているように、時間軸においても分野、視点においても視野は拡大している。

　とはいえ、他方で同答申において「基礎的・汎用的能力の具体的内容については、『仕事に就くこと』に焦点を当て、(中略) 整理した」(中教審 [2011] p.30) とされているように当初の狭い考え方が維持されているようでもある。加えて、

---

　[3]亀山俊朗は、社会人基礎力と関わって、その能力の捉え方では、社会人基礎力の外部に「人間性・生活習慣」「基礎学力」「専門知識」がおかれ、それらと「社会人基礎力」の平面的な相互作用として図示されている (社会人基礎力に関する研究会 [2006] p.5) ことを指摘し、キー・コンピテンシーのように状況に応じて目標を設定し、その実現のために能力を組み合わせ活用するという枠組みは、はっきりとは示されていないとしている (亀山 [2009] p.98)。基礎的・汎用的能力の図もほぼ同様の構図になっていることからすると、亀山の指摘は基礎的・汎用的能力にも当てはまると考えられる。

現場のキャリア教育においては、焦点が職業や就労だけに当たっている点や学校教育全体のものになっていないという点で現在のキャリア教育は狭く偏ったものになっているという批判を呼ぶような現実がある (児美川 [2013] p.44)。一大学人であった筆者の経験からいっても、キャリア教育をキャリアセンターという部署の行う就活支援のサービスであって大学教育の本体部分 (専門教育、教養教育) とは関係のないものと受け止めている教員がなお多いというのが実状である。就活支援に偏りがちなキャリア教育においてさらに焦点が狭く絞られて最近特に重視されているのが「コミュニケーション能力」である。コミュニケーション能力が脚光を浴びている現状は日本における〈新しい能力〉をめぐる論議の現在の特徴を端的に表しているが、コミュニケーション能力は本章のキーワードであるソーシャル・スキルとも重なるところがあることから、コミュニケーション能力をめぐる問題の検討は次の節で行うことにする。

4-4
〈新しい能力〉の一種としてのソーシャル・スキルの考察

4-4-1　LORC における地域公共人材の育成に関わる取り組み

　LORC 第 4 期では地域公共人材が身につけるべき能力をソーシャル・スキルという言葉で表そうしているのであるが、LORC の人材育成に関わる過去の取り組みとの関連を探るために簡単に歴史を振り返ってみよう。地域公共人材に関する LORC の定義を確認すると、セクターを超えて他の主体と連携、協力して地域課題を解決しうる人材ということになるが、この定義の中で重要なポイントは「セクターを超えて」というところである。LORC の歴史を振り返ると、この「セクターを超えて」と関わって方向性において異なる人材育成をめぐる 2 つの課題に取り組むとともに具体的な提案を行ったことが分かる。

　1 つは、「セクターを超えて」人材の流動化が今後起こることを念頭において、その流動化を円滑に進めるためにはその人材が保持する能力を可視化、透明化しなければならないとの考えに基づいて、その能力を認証評価して資格を付与する仕組みとして地域公共政策士という地域資格制度を提起したことである。バブル崩壊以降の雇用状況の悪化を背景に従来の日本的雇用システム、すなわち新規学卒者を一括して採用し定年まで同一企業に採用し続けるという終

身 (長期) 雇用のシステムが批判を受け、新卒一括作用の見直しや解雇規制の緩和などが主張されるようになった。しかし、企業内訓練中心の能力育成と企業内職能資格中心の能力評価の仕組みを変えずして、新卒一括採用を辞め解雇を容易にして雇用の流動化をはかることは、若年失業者や離職者、被解雇者をまさに荒野に放つことになるであろう。そこで LORC としては、雇用の流動化ためには雇用のセーフティネットの１つとして能力育成・評価にかかわる社会的に合意された枠組みが必須であるとの認識から、具体的に地域レベルにおいて、地域の諸セクター (自治体、企業、NPO など) 間において個々人のもつ能力を「見える化」し、さらにセクターをまたぐ形での職の移動をも可能にするような仕組みづくりに手をつけたわけである。

この構想は京都において龍谷大学を中心とする９つの大学が京都の自治体、経済界と連携を取って立ち上げた「地域公共人材大学連携事業」へと展開し、その事業の下で地域公共人材の育成と認証のための制度として地域公共政策士という資格の仕組み (2011 年度から大学院レベルで、2014 年度から学部レベル (初級地域公共政策士) で実施) が構築され、併せて同資格の社会的認証機関として一般社団法人「地域公共人材開発機構」が創設された。この資格制度は、EU が進める「欧州資格枠組み」(EQF) に準拠したものであるがゆえに、欧州諸国の教育及び職業能力資格とも参照可能なものとなっている (白石 [2017] pp.3–5)。

「セクターを超えて」に関わるもう１つの取り組みは、LORC の第１期 (2003～2007 年度)、第２期 (2008～2010 年度) において地域公共人材層の育成につながる研修・教育プログラムを開発し、実施するとともに、そのことを通じて、地域公共人材に求められる能力を表すものとして〈つなぎ・ひきだす〉能力という概念を提起したことである。〈つなぎ・ひきだす〉能力とは、「利害や価値観またセクターも異なる他の主体と、対話・議論により関係性を構築し(つなぎ)、それを通じて課題や目標あるいはそのための方策の一部を共有しえ(ひきだす)、そこから政策過程を進めるものを生みだしうる能力」(土山・村田 [2011] p.16) というものである。まさしく、「セクターを超えて」、多様な人々を〈つなぎ〉、課題、目的、方策の共有あるいは理解や共感を〈ひきだす〉能力である。

〈つなぎ・ひきだす〉能力の特徴を整理しておこう。1. 地域公共人材は、専門性・職業性において多様で広範な市民層も潜在的地域公共人材と捉えることできるということから、〈つなぎ・ひきだす〉能力のレベルも多様であり、能力というよりも〈つなぎ・ひきだす〉素養、認識、ふるまいといったレベルも考えられる。2.〈つなぎ・ひきだす〉能力を基盤とする地域政策の担い手の人材像としては、リーダー、コーディネーター、ファシリテーターなどが考えられる。3.〈つなぎ・ひきだす〉能力は対話・議論さらには実践を通じたコミュニケーションとして発現する。4. 地域公共人材に必要なコミュニケーション能力とは、セクターを超えて価値観、利害が多様である参加者の間に心理的共感をともなったつながりを構築し、立場を超えて協力し課題解決、政策立案したりする状況を作り出すような「話し合う力」、つまり「政策的課題を他者と協力して達成できるためのコミュニケーション能力」として定義づけることができる。5. 地域公共政策には「あらかじめわかっている正答」はなく、また「価値観と利害が多様な主体」が関わるゆえに、参加者間の関係性は連携・協力の関係だけでなく、緊張・競争の関係も存在すると考えられる。6. 相互の異質性を前提にしても相互の価値や利害にたいする心理的共感を形成することはでき、その場合には関係性はより強く継続的なものになる。7.〈つなぎ・ひきだす〉能力はセクターや職業を超えた多様な地域公共人材に共通する能力であり、その基盤の上に職業階梯それぞれに必要な他の能力が積み重ねられる。

　以上 LORC における人材育成に関わる 2 つの取り組みを整理してみた。地域公共政策士という資格制度は、セクターを超えての雇用の流動化を念頭におくとき能力に関して社会的に合意された評価認証の枠組みが不可欠であるとの認識に基づいて考案されたものである。しかし、この資格制度は、欧米のような特定の職業に結びつく狭い意味での職業資格ではなく、実際に働く場としては自治体、NPO そして企業等といったように多様であることを前提にしている。したがって、地域公共人材の教育・訓練プログラムは、専門性において高いものを追求しているが職業性においては狭くとらえているのではなく、その意味では汎用性のある能力の育成を考えているといえる。他方、地域公共人材の持つべき能力としての〈つなぎ・ひきだす〉能力は、LORC が開発した研修・教育プログラムに基づく実践を通じて探り出したものである。正答のない地域

公共政策を課題としていることやセクターをまたがる多様な価値観、利害をもつ関係者が関わっていることなどといった、能力が発現される場についての条件は付いているものの、関係を〈つなぐ〉とか、共有や共感を〈ひきだす〉といった能力は優れて汎用性のあるものであるといえよう。そのように、地域公共政策士の資格制度と〈つなぎ・ひきだす〉能力のどちらもが汎用性のある能力に関わっているとはいえ、前節で検討した〈新しい能力〉論との関連において能力の中身を問うとすれば後者の〈つなぎ・ひきだす〉能力の方になるであろう。

4-4-2 〈つなぎ・ひきだす〉能力とソーシャル・スキル ── 〈新しい能力〉論の観点から

　ここでは、〈つなぎ・ひきだす〉能力をソーシャル・スキルとして捉え返しながら、ソーシャル・スキルを論じるに当たって〈新しい能力〉論特にキー・コンピテンシー論の観点から見た場合にどういう点に留意すべきかについて検討することにする。キー・コンピテンシーが3つの広域的カテゴリーによって構成されていることあるいは3つの軸において構造化されていることについてはすでに述べたが、改めて紹介すると次のようである。

(1)　言語や技術などの道具を相互作用的に活用する能力

(2)　異質性の高い集団において相互に関わり合う能力

(3)　自律的に行動する能力

　これらの3つのカテゴリー、軸をそれぞれ特徴付けるとすると、(1)は対象世界との関係で現れる能力、論理系の能力、あるいは能力の認知的側面を、(2)は他者との関係で現れる能力、伝達系の能力、能力の社会的側面を、(3)は自己との関係で現れる能力、意欲系の能力、能力の情意的側面をそれぞれ表しているといえるであろう (松下 [2016] p.145; 金子 [2007] pp.142–143)。それらの3つのカテゴリー、軸と関わっていえば、地域公共人材が身につけるべき能力を社会へのコミットメントを意識しているところからソーシャル・スキルと呼んだのは、とりわけて他者との関係、伝達系、社会的側面といった特徴を持つ(2)のカテゴリー、軸を重視していることからきていると言い換えることもできるであろう。実際に DeSeCo は、「『ソーシャルスキル』…といった用語と関係した多くの特徴がこのキー・コンピテンシー ((2) のカテゴリーのコンピテン

シー —— 筆者) には当てはまる」(OECD [2005] p.12) といっているのである。また、〈つなぎ・ひきだす〉能力についていえば、あきらかに (2) を重視した能力といえるであろう。そのことは〈つなぎ・ひきだす〉能力についての上記の特徴付けからも分かるし、さらに (2) のカテゴリーに内包される下位の３つのコンピテンシーの内容を見ればいっそうあきらかになる。(2) のカテゴリーに内包されるものとして、A.他者とうまく関わる力、B.協力し合い、集団で働く力、C.紛争や葛藤を乗り切り、解決する力、という３つのコンピテンシーが挙げられているのである (OECD [2005] pp.10–15)。これらは、まさに〈つなぎ・ひきだす〉能力の内容と重なっているといえる。

　さて、〈つなぎ・ひきだす〉能力をソーシャル・スキルと捉えてキー・コンピテンシー論に照らせば、主として (2) のカテゴリーに焦点化した能力として特徴付けられるとしたが、さらに前節で行った〈新しい能力〉論の考察からえた知見に基づいてソーシャル・スキルめぐる論点を深めてみよう。話のとっかかりは、最近の日本において、特にキャリア教育と関わって脚光を浴びているコミュニケーション能力をめぐる議論である。まず確認しておきたいのは、コミュニケーション能力は、いうまでもなく他者との関係で生じる社会性もった伝達系の能力であり、地域公共人材においても中心となるべき能力と考えているのはすでに見たとおりである。また、他方で、キャリア教育においてもコミュニケーション能力の育成の必要性ばかりが強調されているわけではないことも指摘しておく必要がある。すでにみたように、キャリア教育において育成がはかられるべきとされる基礎的・汎用的能力としては、より広く「人間関係形成・社会形成能力」「自己理解・自己管理能力」「課題対応能力」「キャリアプランニング能力」の４つの能力が挙げられており、コミュニケーション能力は最初の人間関係形成・社会形成能力の１つの要素として位置づけられているにすぎないのである (中教審 [2011] pp.25–26)。

　しかし、基礎的・汎用的能力が実際に問題となる企業の採用やそれと関わる教育の現場では、基礎的・汎用的能力のなかでもコミュニケーション能力に焦点が当てられる傾向があるのである。経団連が 2018 年に実施した新卒採用に関する企業アンケートによると、選考時に重視する項目のうちでコミュニケーション能力が、主体性、チャレンジ精神、協調性などの項目を大きく引き

離して 16 年連続でもっとも高いという結果が出ている (日本経済団体連合会 [2018])。他方採用される側の若者においても、Adecco という総合人材サービス企業が 2016 年に実施した『世界の若者 9,500 人を対象にした就職に関する意識調査』によれば、将来の職業のために準備する必要があるスキルを問うたところ、他国の若者が「外国語」「実務経験」などを挙げたのに対して日本の若者だけが「コミュニケーションスキル」を一番目に挙げたとのことである (アデコ [2017])。

　コミュニケーション能力は、知識基盤経済化、脱工業化、グローバル化が進む現代では日本のみならずあらゆる国で必要とされるものである。アイデアや情報をいかすことが意味を持ったり、人間相手のサービス業が増えたり、また異なる文化、価値観をもつ人々との意思疎通が鍵となってきたりするからである。とはいえ、メンバーシップ型という日本独自の雇用のあり方がコミュニケーション能力を日本においていっそう重要なものにしているといえるであろう。欧米のジョブ型雇用システムの場合には、働くことが特定の職務に結びついているのに対して、日本のメンバーシップ型雇用システムの下では働くことと職務の具体的な内容が直接結びついていないため、その分よけいに周囲の同僚とうまくやるとかやりとりを円滑にこなすとかいったコミュニケーション能力が働く上においてより大事な要素になるわけである。メンバーシップ型雇用システムにおける面接中心の採用方法がそのことに拍車をかける。企業というコミュニティの一員としてうまくやっていけるかどうかという相性、気質が面接における応答を通じて評価されるからである。

　昨今の日本では、コミュニケーション能力ばかりが注目されてコミュニケーション能力至上主義ともいうべき状況を生じさせているが、さらに問題なのはそのコミュニケーション能力それ自体が矮小化されて理解されるようになっていることである。いわゆる「コミュ力」である。これは、コミュニケーションの軋轢、行き違い、齟齬とそれが生み出す気まずい雰囲気を巧妙に避け、会話を円滑に回す能力を意味するとされている (野口 [2018])。こうした事情を念頭におきながら、同じくコミュニケーション能力を重視する立場にある LORC としては、〈つなぎ・ひきだす〉能力、ソーシャル・スキルの育成において、コミュニケーション能力至上主義や「コミュ力」的理解という陥穽に陥らないよ

うにするためにはどのようなことに留意すべきであろうか。

1つは、能力を個人が所有するもの、あるいは個人の内的属性としてのみ見るべきではなく、個人に所有されつつも個人と文脈、環境との相互作用において発現するものとして捉えるべきであるということである。日本では、コミュニケーション能力はもとより基礎的・汎用的能力一般も個人に所有されるもの、それゆえに人的資本への投資を通じて個人としてそれを向上させるものと捉えがちである。そうした能力への「個人主義的で限定的なアプローチ」が、就職活動をする学生のみならず、若者一般に負荷をかけ、ときに「コミュ力」のないものを「コミ障」と呼んで社会的に排除することにもなっているのである (貴戸 [2018])。能力の発現さらに形成において文脈、環境が重要だということになれば、コミュニケーション能力の育成において学習を生みだす有効な参加の環境としての実践コミュニティ (Community of Practice)[4]や、あるいは個人の生まれ育った家庭・地域における社会関係資本 (social capital) がより重視されるべきということになる (平塚 [2010] pp.212–218)。

2つは、コミュニケーション能力はキー・コンピテンシーのうちの (2) のカテゴリーに含まれるのであるが、先の「コミュ力」に典型的にみられるように、日本では他者との関係における緊張、競争の関係をネガティブに見がちである。そうではなく、〈つなぎ・ひきだす〉能力の特徴のところでも取り上げたように、関係者間においては価値観や利害が多様であり、それゆえに緊張・競争、場合によっては対立・抗争の関係も生じることを前提にし、その上でいかにして関係者間をつなぎ、共有、共感をひきだすかを考えるべきなのである。

3つは、DeSeCo のキー・コンピテンシーにおいてみたように、コンピテンスは単独に発揮されるようなものではなく、特定の文脈で要求に応じて、個人のもつ多様なコンピテンスを結集し、組織化する形で発揮されるものと考えるべきだということである。そのことは、ソーシャル・スキルにおけるコミュニケーション能力の育成においても当てはまる。その点を、汎用性のある能力の育成において重視されているアクティブラーニングと関わらせて説明してみよ

---

[4]ウェンガーは実践コミュニティを「あるテーマに関する関心や問題、熱意を共有し、その分野の知識や技能を持続的な相互交流を通じて深めていく人々の集団」(ウェンガー他 [2002] p.33) と定義づけている。

う。アクティブラーニング、特にその1つの手法である課題解決型学習 (PBL = Project/Problem Based Learning) では、地域や企業の現場に学習者 (学生) が関与し、現場で生じている課題の解決を行うといったやり方がとられる。その手法は、学生が社会へのコミットメントを意識したり、社会の問題への気づきをえたりする上において有効であることは間違いない。

　ただ、アクティブラーニングが広がりつつある中で、活動に時間がとられて「体は動くが、頭は働かない」、あるいは知識の「外化」は行われても「内化」は進まないといった弊害がみられるといった批判も出てきている。これに対して、そうした弊害を是正するためにはアクティブラーニングをディープ・アクティブラーニングに高めなければならないといった提言も行われている。ディープ・アクティブラーニングとは、「学生が他者と関わりながら、対象世界を深く学び、これまでの知識や経験と結びつけると同時にこれからの自分の人生につなげていけるような学習のことを意味」(松下 [2015] p.i) するとされている。これは、あきらかにキー・コンピテンシーの3つのカテゴリー、軸にそった定義づけであることが分かる。「他者と関わりながら」はカテゴリー (2)、「対象世界を深く学び」はカテゴリー (1)、そして「自分の人生につなげていける」はカテゴリー (3) である。上記の引用は、学びを深くするためには3つの軸で構造化される必要があるということを示しているが、能力が学びを通じて育成されるとすれば、ソーシャル・スキルの育成においても、社会へのコミットメントの意識化を重視して (2) の軸に焦点を合わせつつも、同時に (1)、(3) の軸に属するコンピテンス、能力をも視野に入れて、統合的に育成することが社会へのコミットメントを持続性のあるものにする上で重要であるといえるのである。

　本章では、A. センの潜在能力アプローチに基礎づけられたものとして包摂的発展を捉えながら、ポスト福祉国家の新しい政策パラダイムとして注目を浴びている社会的投資が現代の新しい社会的リスクに対応し、社会から排除された人々を社会に包摂するために有効な政策であるとしつつ、場合によってはその政策が逆に排除を生む場合もあることから、それを防ぐための手立てを講じることが包摂的発展の立場からも必要であると論じた。次いで、社会的投資を通じて個人が向上させるべき能力として今日重要だとされている汎用的能力を

〈新しい能力〉能力としておさえた上で、その〈新しい能力〉の登場の文脈及び内容の理解において欧米と日本では異なることをあきらかにするとともに、欧米の中心概念であるキー・コンピテンシーと日本のそれである基礎的・汎用的能力を対比し、〈新しい能力〉の理解における総合性と深みにおいて前者の方が優れていることをあきらかにした。最後に、LORCの人材育成の成果の1つである〈つなぎ・ひきだす〉能力は汎用性のある能力という意味で〈新しい能力〉として位置づけることができ、さらに他者との関係に焦点が当てられているところからソーシャル・スキルとも名付けることができるとした上で、〈新しい能力〉をめぐる議論に関する上記の考察を踏まえながら、特にソーシャル・スキルの中心となるコミュニケーション能力と関わって、昨今の日本で起こっている矮小化、つまりコミュニケーション能力至上主義や「コミュ力」的理解といった状況に陥らないためには、能力論としてどういうことに留意すべきかをあきらかにした。

　実をいえば、当初は、もう少し踏み込んでソーシャル・スキルは何であり、その育成プログラムはどのようなものであるべきかについても追究することを考えていたし、LORCの人材育成のもう1つの柱である地域公共人材の資格制度とソーシャル・スキルの関連についても論じるつもりであった。しかし、残念ながら、それらの課題は今後に委ねざるをえなくなった。他日を期したい。

■**参考文献**

アデコ [2017]、『世界の若者9,500人を対象にした就職に関する意識調査』(https://prtimes.jp/main/html/rd/p/000000371.000001264.html、2019年2月7日最終閲覧)。

石田徹 [2010]、「格差・貧困・社会的排除の比較経済学 ─ 雇用と福祉から見たEUと日本」、高橋進 (編)『包摂と排除の比較政治学』、法律文化社、pp.16–43。

石田徹 [2016]、「積極的包摂と分権型ワークフェア・ガバナンス ─ ポスト福祉国家とガバナンス改革」、石田徹・伊藤恭彦・上田道明 (編)『ローカル・ガバナンスとデモクラシー ─ 地方自治の新たなかたち』、法律文化社、pp.1–24。

岩田正美 [2008]、『社会的排除 ─ 参加の欠如・不確かな帰属』、有斐閣。

ウェンガー，ティエンヌ/マクダーモット、リチャード/スナイダー、M.，ウィリアム [2002]、『コミュニティ・オブ・プラクティス ─ ナレッジ社会の新たな知識形態の実践』、櫻井祐子 (訳)、野中郁次郎 (解説)、野村恭彦 (監修)、翔泳社。

参考文献

埋橋孝文 [2003]、「公的扶助をめぐる国際的動向と政策的含意」、埋橋孝文 (編著)『比較のなかの福祉国家』、ミネルヴァ書房、pp.297–340。

小沢修司 [2002]、『福祉社会と社会保障改革』、高菅出版。

OECD (編)[2012]、岩田克彦/上西光子 (訳)『若者の能力開発 ── 働くために学ぶ』、明石書店。

金子元久 [2007]、『大学教育力 ── 何を教え、学ぶか』、ちくま新書。

亀山俊朗 [2009]、「キャリア教育からシティズンシップ教育へ？── 教育政策論の現状と課題」『日本労働研究雑誌』583 号、pp.92–104。

貴戸理恵 [2015]、『「コミ障」の社会学』、青土社。

児美川孝一郎 [2013]、『キャリア教育のうそ』、ちくまプリマー新書。

国立教育政策研究所 [2002]、『児童生徒の職業観・勤労観を育む教育の推進について』。

国立教育政策研究所 [2011a]、『キャリア発達にかかわる諸能力の育成の関する調査研究報告書』。

国立教育政策研究所 [2011b]、『キャリア教育を創る ── 学校の特色を生かして実践するキャリア教育』。

社会人基礎力に関する研究会 [2006]、『社会人基礎力に関する研究会「中間取りまとめ」』。

白石克孝 [2017]、「連携アプローチから考察するローカルガバナンスと地域レジリエンス」、白石克孝・的場信敬・阿部大輔 (編)(2014)、『連携アプローチによるローカルガバナンス ── 地域レジリエンス論の構築に向けて』、日本評論社、pp.1–18。

中央教育審議会 [1999]、『初等中等教育と高等教育との接続の改善に向けて (答申)』。

中央教育審議会 [2011]、『今後の学校におけるキャリア教育・職業教育の在り方について (答申)』。

土山希美枝・村田和代 [2011]、「地域公共人材の育成」、白石克孝・新川達郎・斎藤文彦 (編)『持続可能な地域実現と地域公共人材』、日本評論社、pp.14–49。

日本経済団体連合会 [2018]、『2018 年度 新卒採用に関するアンケート調査結果』。

仁平典宏 [2009]、「〈シティズンシップ/教育〉の欲望を組みかえる ── 拡散する〈教育〉と空洞化する社会権」、広田照幸 (編)『自由への問い 5 教育 せめぎあう「教える」「学ぶ」「育てる」』、岩波書店、pp.173-202。

野口雅弘 [2018]、「『コミュ力重視』の若者世代はこうして『野党ぎらい』になっていく」、『現代ビジネス』、2018.7.13。

濱田江里子 [2014]、「21 世紀における福祉国家のあり方と社会政策：社会的投資アプローチ (social investment strategy) の検討を通じて」、『上智法學論集』、58 巻 1 号、pp.137–158。

パリエ、ブルーノ [2014]、「社会的投資 ── 新しい福祉国家のパラダイム」、『生活経済政策』、No.214, pp.6–13。

平塚眞樹 [2010]、「若者移行期の変容とコンピテンシー・教育・社会関係資本」、本田由紀 (編)『労働再審①転換期の労働と〈能力〉』、大月書店、pp.205–237。

ベック、ウルリヒ [1998]、『危険社会 ── 新しい近代への道』、東廉/伊藤美登里 (訳)、法政大学出版局。

福原宏幸 [2007]、「社会的排除/包摂論の現在と展望 ── パラダイム・『言説』をめぐる議論を中心に」、福原宏幸 (編)『社会的排除/包摂と社会政策』、法律文化社、pp.11–39。

藤田晃之 [2015]、「キャリア教育と職業教育」『日本労働研究雑誌』、657 号、pp.60–61。

本田由紀 [2005]、『多元化する「能力」と日本社会 ── ハイパーメリットクラシー化の中で』、NTT 出版。

松下佳代 [2007]、「コンピテンス概念の大学カリキュラムへのその問題点」、『京都大学高等教育研究』第 13 号、pp.101–119。

松下佳代 [2010]、「〈新しい能力〉概念と教育」── その背景と系譜」、松下佳代 (編)『〈新しい能力〉は教育を変えるか』ミネルヴァ書房、pp.1–42。

松下佳代 (編著)[2015]、『ディープ・アクティブラーニング ── 大学授業を深化させるために』、勁草書房。

松下佳代 [2016]、「資質・能力の新たな枠組み ──「3・3・1 モデル」の提案 ──」、『京都大学高等教育研究』、第 22 号、pp.139-149。

的場信敬・白石克孝・阿部大輔 [2017]、「地域レジリエンスを高める」、白石克孝・的場信敬・阿部大輔 (編)『連携アプローチによるローカルガバナンス ── 地域レジリエンス論の構築に向けて』、日本評論社、pp.238–253。

宮本太郎 [2004a]、「社会的包摂への三つのアプローチ」『月刊自治研』、Vol.46、no.533、pp.20–27。

宮本太郎 [2004b]、「社会的包摂と非営利組織 ── ヨーロッパの経験から」、白石克孝 (編)『分権社会の到来と新フレームワーク』、日本評論社、pp.117–137。

米澤旦 [2011]、『労働統合型社会的企業の可能性 ── 障害者就労における社会的包摂へのアプローチ』、ミネルヴァ書房。

ライチェン、ドミニク・S./サルガニク, ローラ・H.(編) [2006]、『キー・コンピテンシー-国際標準の学力をめざして』、立田慶裕監訳、明石書店。

若森章孝 [2013]、「新しい社会的リスクと社会的投資国家」、『關西大學経済論集』、63(1)、pp.1–16。

Armingeon,K. & Bonoli,G.(eds.)[2006], *The Politics of Post-Industrial Welfare States: Adapting post-war social policies to new social risks*, London and New York: Routledge.

Bonoli,G. [2013], *The Origins of Active Social Policy: Labour Market and Child-care Policies in a Comparative Perspective*, Oxford: Oxford University Press.

Esping-Andersen, G. [2002], "A Child-centered social investment strategy," Esping-

Andersen, G.(ed.), *Why We Need a New Welfare State*, Oxford: Oxford University Press, pp.26–67.

Esping-Andersen, G.(ed.)[2002], *Why We Need a New Welfare State*, Oxford: Oxford University Press.

Giddens, A. [1998], *The Third Way. The Renewal of Social Democracy*, Cambridge: Polity Press. (佐和隆光訳『第三の道』、日本経済新聞社、1999年)。

Hemerijck, A. [2013], *Changing Welfare States*, Oxford: Oxford University Press.

Morel, N. *et al.*(eds)[2009], *What Future for Social Investment?*, Institute for Futures Studies Research Report, Stockholm.

Morel, N. *et al.* (eds)[2012], *Towards a Social Investment Welfare State?: Ideas, Policies and Challenges*, Bristol: Policy Press.

Nikolai, R. [2012], "Towards social investment? Patterns of public policy in the OECD world," Morel, N. *et al.*(eds.), *Towards a Social Investment Welfare State?: Ideas, Policies and Challenges*, Bristol: Policy Press, pp.91-115.

OECD [2005] *The definition and selection of key competences: Execctive summary*, OECD, pp.91–115.

Schmid, G. [2002], "Towards a theory of transitional Labour markets," Schmid,G. and Gazier,D. (eds.), *The Dynamics of Full Employment: Social Integration through Transitional Labour Markets.*, Cheltenham, Edward Elgar, pp.151–195.

Taylor-Goody,P.(ed.)[2004], *New Risks, New Welfare: TheTransformation of the European Welfare State*, New York: Oxford University Press.

(石田 徹)

第5章
職業的意義を有する大学教育の課題

5-1
はじめに

　社会の包摂的発展を考える上で、その社会の成員であると同時に発展を担う人材の育成が重要な課題であることはいうまでもない[1]。本章では、学生をそのような人材の候補者と考えたとき、大学教育はそのような人材育成に対してどのような役割を果たすべきであるのか検討したい。

　学校教育法の定めるところによれば、「大学は、学術の中心として、広く知識を授けるとともに、深く専門の学芸を教授研究し、知的、道徳的及び応用的能力を展開させることを目的とする」(83条1項)。ここには、大学が学生に対して教授すべき知識と涵養するべき能力について、「広く知識を授ける」といわゆる一般教育の重視を表しているほか、「専門の学芸」、「知的、道徳的及び応用的能力」が示されている。これらの内容は、学校教育法、大学設置基準等に基づく文部科学行政による規制の枠組みの下においてではあるが、最終的に各大学における自治的な解釈と具体化に委ねられてきたところである[2]。

　しかし、今日、大学、特に人文社会科学系大学は、社会および文部科学行政から、社会的要請に応えることを求められてきている[3]。なかでも大学の研究機能や社会的サービス機能が他の社会諸システムに譲り渡され、大学の残余の

機能としての教育の機能に相対的な注目が集まっているといわれている[4]。大学の教育、特に人文社会科学系の学問分野について、学生の卒業後の職や仕事にとって意義のある大学教育の実施が求められるようになり、そのための教育プログラムの見直し等の大学教育の改革が行われてきている[5]。本章においては、このような人文科学系学部の学生の卒業後の「職」「職業」にとって意義ある教育とはどのような教育であるのか、それによって学生は大学時代にどのような能力を身につけることが期待されているのかを検討する。

　まずは、筆者が人文社会科学系の学部として念頭に置いている政策学部と教育研究分野として比較的近接性があると思われる法学分野および政治学分野で、社会的要請がどのように受け止められ、どのような改革の方向性が示されてきているかを概観した後、今日の学生が直面する日本の雇用のあり方、労働市場の特徴を踏まえて、大学において職や仕事との関係で学生に修得させるべき能力や資質とそのためのどのような教育プログラムのあり方を検討したい。LORC の第 2 研究班ユニット 2 においては学生が地域公共人材となるために大学の教育を通じて修得すべき能力をソーシャル・スキルという概念をたてて検討してきたところであるが、このような概念でそのような能力を考えることの意味についても考えたい。

5-2 大学教育改革の現状

5-2-1　大学教育に対する社会的要請

　人文社会科学系の大学教育は社会的要請が低い、またはニーズに合致していないといわれているのは、どのような社会的要請への対応であろうか。

　まず、新卒学生を採用する企業の要請を代表する日本経済団体連合会についてみてみよう。同会は、1997 年から「企業の大卒等新卒者の採用選考活動を総括することを目的に」「経団連企業会員」を対象として、アンケートを実施してきている。「2018 年度新卒採用に関するアンケート調査結果」(2018 年 11 月 22 日) では、「選考にあたって特に重視した点」について、「コミュニケーション能力」が第 1 位 (16 年連続)、「主体性」が第 2 位 (10 年連続) となった。「チャレンジ精神」は、前年に比べて 2.8 ポイント低下したものの、3 年連続で第 3

位となった。専門性は 12.0%、一般常識 6.5%、履修履歴・学業成績は 4.4%、留学経験 0.5% と低い。

　また、同会が「今後の採用と大学教育に関する提案」(2018 年 12 月 4 日) で、「学生に求める資質・能力」について、「採用にあたり、理系・文系の別や職種にかかわらず、社会人の資質として、創造性、チャレンジ精神、行動力、責任感、論理的思考能力、コミュニケーション能力、忍耐力、協調性等が重視されている。同時に、学生に求める能力として、リベラルアーツを重視しており、語学 (英語) 力、情報リテラシー、地球規模課題や世界情勢への関心等を求めている企業が多い。また、座学のみならず、ボランティア活動や起業などの学外活動や社会経験を重視する企業が多い。」と述べ、大学に求められる教育改革としては、「2. 大学教育の質保証 ─ アクティブラーニングと成績要件・卒業要件の厳格化 ─」として、「また大学入試では、原則として、文系でも数学を、また理系でも国語を課すことを検討すべきである。」「そのうえで、大学においては、1. で指摘した基礎的リテラシーを身につけさせるためにも、単位取得要件や成績・卒業要件を厳格に運用し、学生が大学でしっかり学ぶ環境を整備すべきである。また、教員が大勢の学生に対して一方的に講義する形式ではなく、①少人数によるゼミナール形式で、学生にあらかじめ多くの課題を与えたうえで、教員や他の学生とのディスカッションを通じて主体的に学ばせる教育、②少人数のグループで課題に取り組み、議論しながら解決策を見出す PBL (Project Based Learning) 型の授業、③実務家教員による産学連携の授業、などを増やし、主体性や説明能力の向上を図るべきである。また成績は、試験などによる一時的な知識の修得状況や授業への出席率の評価だけではなく、学生がどれだけ主体的に学び、深く考え抜いたかというプロセスや知的作業の結果を評価するものとすべきである。成績評価・進級基準については、文部科学省がガイドラインを策定して大学に示すことも検討し、しっかり勉強した学生が単位を取得し、卒業できる仕組みにする必要がある。」としている。

　以上に見たように卒業生を採用する企業の側では、理系、文系を問わず、能力や教育の内容に関しては、一般的な情報リテラシーが重視され、それ以外では、「学外活動や社会経験」が言われているが、そのほかは、ゼミナール形式の主体的な学び方、PBL 型の授業、産学連携の授業などの「学び方」の改革が

求められている。その「社会的要請」に応えて経済産業省をはじめとしてそれらの資質や能力を大学のカリキュラムをそれにあてて修得させることを推進してきたところである[6]。

5-2-2　人文社会科学系学部の教育と職業関連性

大学の教育が職業に対して有する意義を「職業的レリバンス」または「職業関連性」とよび、職業以外の生き方、友人関係の形成、自由な時間利用などに有する意義を「人間形成的レリバンス」または「人間形成関連性」とよぶ分析によって、従来の大学教育が、「人間形成的レリバンス」に偏る傾向がみられ、「職業的レリバンス」は低く、分散が大きいことが指摘されてきていた。大学教育のなかで相対的に「職業的レリバンス」が高いのは、保健、芸術、家政、教育の分野とされ、社会科学分野は最も低いと指摘されてきていた。職業の世界が複雑化し、流動化するなかで役立つ基礎的かつ専門的な職業能力を修得する機会を提供する職業的レリバンスの向上が課題とされてきていた[7]。大学が社会的要請に応えるという場合に、重要な柱は、学生に対する教育が職業にとって意義を有し、その意義を向上させることであると思われるが、近年大学関係組織として大学の教育のもつ職業的な意義を向上させることにかかわるとりくみをどのように進めてきたかを見ておこう。

(a)　コア・カリキュラム

大学における教育内容にかかる改革の試みとしては、2005 年の 1 月 28 日中央教育審議会答申「我が国の高等教育の将来像」が「学士課程は、『21 世紀型市民』の育成・充実を目的としつつ、教養教育と専門基礎教育を中心に主専攻・副専攻を組み合わせた『総合的教養教育型』や『専門教育完成型』など、様々な個性・特色を持つものに分化し、多様で質の高い教育を展開することが期待される。教育の充実のため、分野ごとにコア・カリキュラムが作成されることが望ましい。また、コア・カリキュラムの実施状況は機関別・分野別の大学評価と有機的に結び付けられることが期待される。」としていた。

コア・カリキュラムは、医学や歯学等の専門職養成系の学協会などで策定が進められていた「モデル・コア・カリキュラム」をそれら以外の分野でも作成し、教育の充実に役立てようとするものであった。医学・歯学では 2001 年頃

から、法学部でも 2001 年頃から開発が進み、適用されている。ただし、これによって教育の充実がどのように図られたかについては検証が行われているようには見受けられない。

(b)　分野別質保証

その後、2008 年 12 月 24 日に中央教育審議会が「学士課程教育の構築に向けて」を答申した。答申は「学士課程教育の構築が，我が国の将来にとって喫緊の課題であるという認識に立っている」が、「教育の質を保証するシステムの再構築が迫られる一方、出口では、経済社会から、職業人としての基礎能力の育成、さらには創造的な人材の育成が強く要請されている。」との認識もひとつの背景とするものであった。「公的及び自主的な質保証の仕組みの強化」の一環として国において、「将来的な分野別評価の実施を視野に入れて，大学間の連携、学協会を含む大学団体等を積極的に支援し、日本学術会議との連携を図りつつ、分野別の質保証の枠組みづくりを促進する」としていた。日本学術会議は、文部科学省高等教育局長からの分野別質保証の在り方を検討する依頼を受けて、審議を重ね、2010 年 7 月に回答「大学教育の分野別質保証の在り方について」を取りまとめ、同年 8 月に文部科学省に手交した。併せて、「大学教育の分野別質保証のための教育課程編成上の参照基準」の策定が進められてきた。各基準は、日本学術会議の Web サイトに公開されている。これは、「学士課程における各分野の専門教育が、その核として共有することが望まれる基本的な考え方を示し、各大学における教育課程編成の参考にしてもらう (参照してもらう) ことを通じて、大学教育の質の保証に資することをその目的」とするものである[8]。(1) 分野の定義・特性、(2) すべての学生が身に付けることを目指すべき基本的な素養、(3) 学習方法及び学習成果の評価方法に関する基本的な考え方、(4) 市民性の涵養をめぐる専門教育と教養教育との関わり、を内容としている。

職業との関連については、人文社会科学系の分野における学生の多様化のなかで、具体的な仕事との関係で身に付けるべき素養や学修方法のあり方を示す内容が部分的に止まっているように思われる。例えば、法学分野の参照基準[9]によると、「法学履修者の進路の多様化と共に、進路によって期待される専門

性のレベルや内容も大きく異なることから、大学の学部段階における法学専門教育の基本的な目標を一律に設定することには無理がある。そこでこれを大別して三つに分けて検討することが適切であろう。すなわち、考えられる目標としては、『法曹養成』『法的リテラシーを身につけた非法曹やリーダー育成』および『法的市民育成』である」としている。前二者の職の目標は、一定具体的な仕事との関係が示されているが、実際の法学部学生の少数者に止まり、「多くの者は様々な一般企業に就職しているのが現状」があり、ここでは具体的な仕事との関係ではなく「法的市民養成」として関連づけられるに止まっている[10]。また、政治学分野の参照基準[11]においても、卒業後の職との関係については、ごく一部の「政治家や官僚」以外にとって政治学は、「一人の市民として現実の政治について成熟した選択を行えるような、判断力を養成する」と述べるに止まる。

(c)　日本学術会議幹事会声明 (2015 年 7 月 23 日)

　(a)、(b) のように、大学側の社会的要請、人材育成への対応が行われてきていたなか、2015 年 6 月 8 日、文部科学大臣が、各国立大学法人学長および各大学共同利用機関法人機構長に宛てて「国立大学法人等の組織及び業務全般の見直しについて (通知)」(27 文科高第 269 号) を発した。これは、国立大学法人法 31 条の 4 の規定に基づいて、法人の中期計画期間の終了時に見込まれる中期目標の期間における業務の実績に関する評価に伴う措置として行われたものであった。このなかで、「第 3　国立大学法人の組織及び業務全般の見直し」の項目の下に、「1　組織の見直し／ (1)「ミッションの再定義」を踏まえた組織の見直し／「ミッションの再定義」で明らかにされた各大学の強み・特色・社会的役割を踏まえた速やかな組織改革に努めることとする。／特に教員養成系学部・大学院、人文社会科学系学部・大学院については、18 歳人口の減少や人材需要、教育研究水準の確保、国立大学としての役割等を踏まえた組織見直し計画を策定し、組織の廃止や社会的要請の高い分野への転換に積極的に取り組むよう努めることとする。」とされた。ここにいうミッションの再定義とは「各大学と文部科学省が意見交換を行い、研究水準、教育成果、産学連携等の客観的データに基づき、各大学の強み・特色・社会的役割 (ミッション) を整理」する

ことされ、これを踏まえた改革を改革加速期間中に実施する大学に対しては、運営費交付金等により重点的に支援するとされていた。

　これに対して、「これからの大学のあり方 ― 特に教員養成・人文社会科学系のあり方 ― に関する議論に寄せて」と題する日本学術会議幹事会声明が2015年7月23日に出され、「総合的な学術の一翼を成す人文・社会科学には、独自の役割に加えて、自然科学との連携によってわが国と世界が抱える今日的課題解決に向かうという役割が託されている。このような観点からみると、人文・社会科学のみをことさらに取り出して『組織の廃止や社会的要請の高い分野への転換』を求めることには大きな疑問がある。」「目には見えにくくても、長期的な視野に立って知を継承し、多様性を支え、創造性の基盤を養うという役割を果たすこと … を見落とすならば、大学は社会の知的な豊かさを支え、経済・社会・文化的活動を含め、より広く社会を担う豊富な人材を送り出すという基本的な役割を失うことになりかねない。」とする批判を述べた。ただし、同声明は、一方で、「人文・社会科学に従事する大学教員は、変化が著しい現代社会の中で人文・社会科学系の学部がどのような人材を養成しようとしているのか、学術全体に対して人文・社会科学分野の学問がどのような役割を果たしうるのかについて、これまで社会に対して十分に説明してこなかったという面があることも否定できない。」、と社会的要請に対する説明責任が果たされていないことを認めるものでもあった。

　その後、2015年10月15日に日本学術会議幹事会声明「人文・社会科学系のあり方に関する声明への賛同・支援への謝意と大学改革のための国民的合意形成に向けての提案」を公表し、「大学改革にあたっては、目先の実用性に目を奪われるのではなく、幅広い教養と優れた専門性を備えグローバルな視野を持った人材を育成することが必要である。」と大学の行うべき人材育成にかかる方向性を述べ、大学改革に向けた提案として、「高等学校・高等専門学校卒業生はもとより、社会人にとってもより魅力的な大学となるための学修内容や学部・学科構成のあり方、… さらにグローバル時代に世界の学生や研究者が魅力を感じる教育研究組織となるための我が国の大学のあり方等について、大学・学術界、一般の方々が自由に意見を交わして合意を形成するための議論の場を設置すること。」や「厳しい国家財政の下で、… 高齢社会に対応した財政支出

と高等教育を含む次世代の育成に対応した財政支出にどのように資源配分を行うかを含めて、国民的議論を促すこと。」を挙げていた。

5-3
大学卒業者が直面する社会と労働市場の変化

5-3-1　労働市場・採用のあり方の変容

さて、改めて今日、大学を卒業する学生たちが直面する労働市場はどのような特徴を有するのであろうか、また特に日本の労働市場とそこでの採用のあり方は大学における職業的意義を有する教育に対してどのような課題を提起しているのであろうか。

ネットワーク社会論で注目されるマニュエル・カステルは、世界的な労働市場の動向を、次のとおり、全体として、雇用の不安定化(柔軟化)と労働者の、企業にとって財となる「自己プログラム可能な労働者」とスキルの低い「ジェネリックな労働者」への二極化があることを指摘している。

　「一方で、ますます労働の柔軟性が高まっている。すなわち、新しい世代は多数が柔軟性ゆえに雇用されるが、これが… 古い労働力に取って代わるにつれ、長期的な雇用と予測可能なキャリアパスを伴う労働力の比率は低下している。… 他方、高い水準の教育を受けた職業とスキルの低い仕事の同時的な成長があったが、これらの労働市場における交渉力には相当の違いがある。… 私はこれら2類型の労働者を、『自己プログラム可能な労働者』と『ジェネリックな労働者』」と呼ぶ。所属する企業にとってもっとも有益な財産となってきた教育を受けた知識労働者の決定における自律性を拡大する傾向があった。彼らはしばしば『才能ある者(talent)』と言及される。他方、ジェネリックな労働者は、指示の執行者として、多くの単調な仕事の自動化が困難であるため、また多くの労働者、特に、青年、女性および移民が仕事を得るために、条件がいかなるものであっても簡単に引き受けるため、増殖し続けてきた。労働市場のこの二重構造は、低スキルサービスの大規模経済の文脈のなかで成長する知識経済の構造的条件に関連しており、多くの社会で観察される不平等拡大の原因である。[12]」

126　　第 5 章　職業的意義を有する大学教育の課題

　日本の労働市場においても、非正規雇用が 1990 年代半ば以降急速に拡大し
て、雇用の「不安定化」「柔軟化」が基調である。データの真実性に大いに疑問
があるところであるが、総務省統計局の公表している「労働力調査」で、2018
年 11 月 30 日時点の「【四半期平均結果等 ─ 全国】(1) 年齢階級 (10 歳階級) 別
就業者数及び年齢階級 (10 歳階級)、雇用形態別雇用者数 (エクセル：578KB
(正規の職員・従業員、非正規の職員・従業員 (パート・アルバイト、派遣社員
など))(1984 年 ～)」で、1990 年時点の 15 歳 ～24 歳 (在学中を除く) の雇用状
況を比べると表 5.1 の通りであり、非正規の職員・従業員が就業者に占める割
合が 49.8% と 2.5 倍になっている。

表 **5.1**　15 歳 ～24 歳の雇用状況

	就業者	雇用者	役員を除く雇用者	正規の職員・従業員	非正規の職員・従業員
1990 年 2 月	361 万人	334 万人	331 万人	265 万人 (80.1%)	66 万人 (19.9%)
2018 年 1～3 月平均	259 万人	252 万人	251 万人	126 万人 (50.2%)	125 万人 (49.8%)

出典：総務省統計局の 2018 年 11 月 30 日時点で公表している「労働
力調査」の「長期時系列データ」表 9 のデータから筆者が作成。

　厚生労働省「平成 29 年賃金構造基本統計調査の概況」によれば、雇用形態
別の賃金 雇用形態別の賃金をみると、男女計では、正社員・正職員 321.6 千円
(年齢 41.7 歳、勤続 12.8 年)、正社員・正職員以外 210.8 千円 (年齢 47.3 歳、勤
続 8.2 年) となっている。年齢階級別にみると、図 5.1 に示すとおり、正社員・
正職員以外は、男女いずれも年齢階級が高くなっても賃金の上昇があまり見ら
れない。年齢性別に関係なく、非正規職員は、正規職員に比べ給与が低い。
　さらに、図 5.2 に示すとおり、職務研修の実施という点でも、ほぼあらゆる
業種において、正社員の場合より実施率が低い。
　以上の点をみても、企業が人件費コストを削減するために、賃金の安い非正
社員を雇用するようになっている実態がうかがえる。
　2018 年には、働き方改革を推進するための関係法律の整備に関する法律が
制定され、上のような、雇用形態による不合理な待遇上の差別を解消するため
の規定が整備されたほか、正社員についても、過労死の原因となるような無制
限の長時間労働を是正する労働時間に対する制限を意図する法整備が図られた

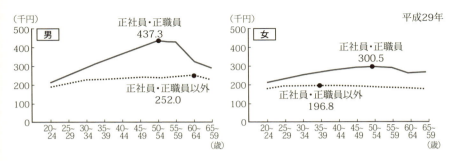

出典：厚生労働省「平成29年賃金構造基本統計調査の概況」

図 5.1　雇用形態、性、年齢階級別賃金

【事業所調査】
○　正社員に対しては、計画的なOJT、OFF-JTともに「複合サービス事業」、「金融業,保険業」などの実施率が高く、「生活関連サービス業,娯楽業」などで低くなっている。
○　正社員以外に対しては、計画的なOJTについては、「複合サービス事業」、「医療,福祉」などの実施率が高く、「情報通信業」、「建設業」などで低い。OFF-JTについては、「金融業,保険業」「複合サービス事業」などの実施率が高く、「情報通信業」、「製造業」、「建設業」などで低くなっている。

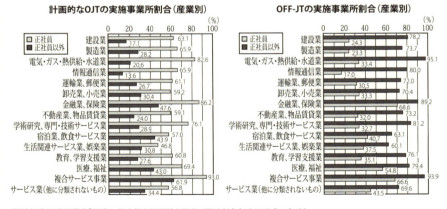

資料出所:厚生労働省「平成26年度能力開発基本調査」(調査対象年度は平成25年度)

図 5.2　計画的な OJT 及び OFF-JT の実施状況 (産業別)

ところである。人件費の縮減を追究する企業によって非正社員の低賃金や差別的な待遇の一方で正社員についても過酷な労働が強いられているのが今日の労

働の状況である。

　本田由紀は、以上のような労働の状況について、正社員と非正社員が相対立する原理によって成り立っているという。正社員は職務の範囲や量が明確でなく、企業に所属するというということでのみ雇用契約を結び、仕事の内容が属人的かつ曖昧に決められる。これに対して、非正社員は、担当するジョブは明確である代わりに企業組織へのメンバーシップが稀薄であり、契約期間が切れれば雇用を打ち切られる。非正社員の存在は、正社員の雇用を守るバッファーであると同時に、必要な条件でも受け入れて働く非正社員の存在が正社員の処遇の劣悪化をもたらしているという。この状況を打開する方策として、正社員の職務の範囲の明確化と、労働契約へそれを盛り込むこと、及び非正社員については社会保障費の負担を含む雇用者責任の強化と、安易な雇用打ち切りの規制を提言している。そして、働く側もこの職務に関する能力を鍛える必要があるといい、ここに教育の職業的意義があるという[13]。

5-3-2　求められる職業的教育

　大学における職業的意義を有する教育として求められている内容、あるいは学生に修得させるべき能力や資質を改めて考えるとともに、そこでソーシャル・スキル修得の持つ意義と限界を考える。

(a)　コミュニケーション力の過度の重視

　第二次大戦後の大学・企業と職業教育の関係の原型は、企業は大学入学時の基礎学力を内容とする「学校」歴によって卒業生を選別・スクリーニングを徹底しておこなうことを前提に、新卒者の一括採用を行い、それ以上の職業教育機関としての役割を高等教育に求めることなく、企業の側では、長期勤続雇用・年功賃金制度の徹底・企業内 OJT の強化が進められるというものであったことが指摘されている[14]。これに対して、今日、企業や文部科学省は、大学に対して「学校」歴に代えて社会的要請に応える教育を求めるようになってきたと言えよう。その内容は、5-2-1 に見たように、どのような業種の企業でも通用する汎用性のあるジェネリックなコミュニケーション能力等を学生に身につけさせることである。

　しかし、言われているコミュニケーションの実態がいかなるものであるのか

については明確ではない。例えば、同じコミュニケーション能力といっても、その内容について、論者によって、①「文章を書く力」、②「相手を傷つけず、ほどよい距離感で誰とでもやりとりする」作法、③「不完全な私たちが、お互いを補い、支え合うなかで生じる関係の力」、などと異なる内容をもつ力と解釈されうる可能性がある[15]。仕事の上で求められるコミュニケーション能力の内容は一律ではなく、それを涵養する教育の内容やそのあり方も異なりうるように思われる。どのような内容のコミュニケーション能力がどのような仕事との関係で必要とされているのか、明らかにされる必要があろう。

　また、アメリカの産業・組織心理学の研究者ブラッドフォード・スマート博士の指摘も重要と考えられる。すなわち、これもコミュニケーション能力一般に妥当するわけではないと思われるが、博士は、人間の行動特性を、努力やトレーニングで「変わりやすい特性」、「簡単ではないが変えられる特性」、「変わりにくい特性」の3つに分類し、コミュニケーション能力を「変わりやすい特性」に分類する。逆に、変わりにくいのは、知能や創造力、粘り強さなどとしている。簡単に変わる特性は入社後に育成できるので、採用時にそれほどこだわる必要はなく、逆に変わりにくい特性を重視するべきであると主張している[16]。

　最重視されてきたコミュニケーション能力についても、インターネットまたはネットワークやAIなどの急速な環境変化のなかで、企業が人材に対して求める能力等を明確に示せないなか、企業サイドがこれまで重視してきたコミュニケーション能力以外の能力を示せずにいるのではないかと思われる状況が生まれ[17]、逆にそれらの能力を過度に重視してきたことに対する反省すら語られる状況になっている[18]。

　ソーシャル・スキルもこのコミュニケーション能力と重なる部分を含むジェネリックなスキルとして想定されてきたと思われる。

(b)　人文社会科学系大学における教育の職業的レリバンスの過小評価

　大学の教育が社会的要請に応えて、職業的レリバンスを向上させる上では、これまでの大学が有している職業的レリバンスを正当に評価した上で、不足している点を補う措置を講じていく必要があると思われる。その点で、5-2-2(c)

で触れた、文部科学省の国立大学法人の人文社会科学系学部や大学院に関する評価が前提としたような大学教育が社会の要請に応えておらず、不要とする認識は、大学の教育がもっている職業的レリバンスを過小に評価しているのではないかと考えられる。

　本田由紀らの研究によって、次のような人文社会科学系学部における教育の職業的レリバンスが明らかにされている。すなわち、これらの学部では分野間で教育の内容・方法にはかなりの相違があり、教育方法と内容とが卒業後のスキルの形成に影響を及ぼし、内容的レリバンス、方法的双方向性、ゼミの密度の高さが卒業後の業務に関する企画提案等に関する「判断スキル」や職場外での顧客との応対や交渉に関する「交渉スキル」を高めているという。これらの仕事にかかるスキルの形成、向上に、教育の「内容的レリバンス」と「方法的双方向性」を高める工夫が影響を及ぼすことを明らかにしている[19]。

　また、大学での学びを仕事で活用するかどうかは学問分野を問わず、大学の学習内容を授業内外で活用したかどうか、授業間の関連づけを行うという「架橋的」な学びを行ったかどうかであり、「架橋的」学びを行った者ほど学びの活用度が高く、そのような学び方を支援することが大学の学びの職業的レリバンスを向上させることを明らかにしている[20]。

　大学における教育がもつ職業的レリバンスは、教育方法と内容、「架橋的」な学び方等によって向上することが示されており、これらの点を考慮した教育、カリキュラムが重要である。

(c)　求められる大学の職業的教育の内容と涵養すべき能力

　上記の 5-2-2 のように社会的要請に応じる方向での大学改革が行われてきており、5-3-2(a) および (b) のように、人文社会系、社会科学系の大学教育は一定の職業的レリバンスを有しており、それが一定の工夫によって向上させられることも論じてきたところである。しかし、なお 5-3-1 において論じた今日の労働市場の状況や企業における採用の課題との関係で不足している職業的教育がある。それは、本田由紀が、日本の労働市場における採用を職務本位に変え、正社員の職務の範囲の明確化を提言するとき、「働く側もこの職務に関する能力を鍛える」といっていることにかかる職業的教育である。本田は、ここ

での職業的教育は、「適応」と「抵抗」としての教育であり、両者ともに必要であるという。「適応」とは、若者の社会に対する適応を可能とするということであり、「進路選択とは、若者が自分自身と世の中の現実とをしっかり摺り合わせ、その摩擦やぶつかり合いのなかで、自分の落ち着きどころや目指す方向を確かめながら進んでゆくことだ」とし、「特定の専門領域にひとまず範囲を区切った知識や技術の体系的な教育と、その領域およびそれを取り巻く広い社会全体の現実についての具体的な知識を若者に手渡すことが、上記のようなすりあわせを可能にすると考えている[21]」。本田は、このような職業的教育を「柔軟な専門性」とよび「特定の専門分野の学習を端緒・入口・足場として、隣接する分野、より広い分野に応用・発展・展開してゆく可能性を組み込んだ教育課程のデザインが必要である」とする[22]。「特定の個別の職種にしか適用できないような、がちがちに凝り固まった教育ではなく、ある分野における根本的・原理的な考え方や専門倫理、あるいはその分野のこれまでの歴史や現在の問題点、将来の課題などをも俯瞰的に相対化して把握することができるような教育」「職業と一定の関連性をもつ専門分野に即した具体的な知識と技能の形成に、教育課程の一部を割り当てる[23]」。

「抵抗」としての教育の職業的意義とは、今日の労働市場の状況では労使間のパワーバランスが崩れ、労働者は厳しい労働条件のもとに追い込まれる危険性が高まっていることに対処して働かせる側の暴走に法によるブレーキをかけ、働く者に抵抗の備えを与えるという内容である[24]。

本田のいう柔軟な専門性と、汎用的な能力との間の決定的な違いは、緩やかではあれ、一定の分野なり専門を前提としている点であり、学問の体系や研究への参画を通じての職業的教育の可能性を承認している点であるように思われる[25]。ただし、このような方向性は学問と学問教育に対する大学の自己批判を前提とし、学問による職業準備教育の再構築を必要とする。各分野の参照基準も一定の職業的意義を有する目標を設定するなどの点で、このような方向での教育の改革へ向けた取組とみることができるように思われるが、学問と職業準備の接点を反省的に顧みることが重要で、授業方法の工夫等だけに止めることはできないと思われる[26]。

5-4

おわりに ── ソーシャルスキルと「柔軟な専門性」

　LORC の第 2 班ユニット 2 では、「ソーシャル・スキル」の概念を用いて、地域公共人材が備えるべき資質・能力を示し、その能力を涵養するカリキュラムを明らかにしようとしてきた。これは、「社会人基礎力」や「学士力」といった仕事の分野を問わず通用するジェネリック・スキル＝汎用的能力を身につけることが職業的な意義を有するものとして大学教育に求められるなかで、地域公共人材という一定具体的な仕事または職と関連する人材が大学教育を通じて備えるべき「特定的汎用的能力」ともいうべき能力を示そうとしたものと考えられる。しかし、汎用的能力は一定の専門や分野を特定しないから汎用的である。専門や分野を特定した仕事や職に関わって必要とされる能力は、その分野や専門に関する知識や技能と離れては考えることはできない。アクティブ・ラーニングや PBL といった特徴的な学習方法も、これらの分野や専門の知識や技能を深く理解し、修得するうえで効果があるものと位置付けられるべきであろう。地域公共人材を育成する職業的レリバンスのある教育を行っていく上では、政策学として地域公共人材に必要とされる能力を解明し、その涵養のために必要とされる教育内容を検討していくことが決定的に重要である。

■参考文献

朝日新聞 [2018]、『朝日新聞・朝刊』「〈耕論〉コミュ力と言うけれど」、2018 年 05 月 23 日。

石田徹 [2014]、「『学校から職業への移行』の変容と大学教育 ── 『新しい能力』の育成をめぐって」、白石克孝・石田徹 (編)『持続可能な地域実現と大学の役割』、地域公共人材叢書第 3 期第 1 巻、日本評論社、2014。

石田徹 [2019]、「序章 包摂的発展という選択 ── LORC のこれまでの研究と今日の課題」、本書、2019。

石臥薫子 [2017]、「面接はやめました　簡単に変わる『コミュ力』なんかで判断しない就活 2018」、『週刊アエラ』、2017 年 7 月 10 日。

岡田正則 [2016]、「司法制度改革後の法学教育 ── その危機と再生」、『法の科学』、47 号。

小方直幸 [2013]、「大学における職業準備教育の系譜と行方 ── コンピテンスモデルのインパクト」、広田輝之・小林傳司・上山隆大・濱中淳子 (編)『シリーズ大学 5 教育する大学 ── 何が求められているのか』、岩波書店、2013。

豊永耕平 [2018]、「大学教育が現職で役立っていると感じるのは誰か —— 人文社会系の職業的レリバンスに関する潜在クラス分析」、本田由紀 (編)『文系大学教育は仕事の役にたつのか 職業的レリバンスの検討』、ナカニシヤ出版、2018。

日本学術会議・大学教育の分野別質保証推進委員会法学分野の参照基準検討分科会 [2012]、報告「大学教育の分野別質保証のための教育課程編成上の参照基準 政治学分野」。

日本学術会議・政治学委員会政治学分野の参照基準検討分科会 [2014]、報告「大学教育の分野別質保証のための教育課程編成上の参照基準 政治学分野」。

日本学術会議 [2017]、「大学教育の分野別質保証のための教育課程編成上の参照基準について (解説)」。

日本経済新聞 [2018]、『日本経済新聞・朝刊』「(社説) 学生の能力をいかに高めるかが肝心だ」、2018 年 10 月 10 日。

本田由紀 [2004]、「高校教育・大学教育のレリバンス」、大阪商業大学比較地域研究所・東京大学社会科学研究所 (編)『JGSS 研究論文集〔3〕JGSS で見た日本人の意識と行動』。

本田由紀 [2018]、「分野間の教育内容・方法の相違とスキルへの影響」、本田由紀 (編)『文系大学教育は仕事の役に立つのか —— 職業的レリバンスの検討』、ナカニシヤ出版、2018。

三阪佳弘 [2016]、「日本における『法学部』の歴史的展開」、『法の科学』、47 号。

水野裕司 [2018]、「(中外時評) 日本的人材育成のたそがれ」、『日本経済新聞・朝刊』、2018 年 10 月 18 日。

Manuel Castells [2011], *The Rise of the Network Society, 2nd ed*, Wiley-Blackwell.

[註]

1)「包摂的発展」の意義については、参照、石田 [2019]。

2) 鈴木 [2016] p.680。

3) 2007 年の学校教育法改正により、83 条 2 項として「大学は、その目的を実現するための教育研究を行い、その成果を広く社会に提供することにより、社会の発展に寄与するものとする」という規定が追加された。これは、このことを直接の目的として大学という学校種が設けられているという性質のものではなく、目的として規定することは適当ではないと考えられ、別項を設けて役割として定められたという。鈴木 [2016] p.678。

4) 田中 [2013] p.25。

5) 大学教育における「『職業的意義』の低さは、大学教育そのものの正当性や、そこ

への資源の投資の合理性をも揺らがせている」といわれている。参照、本田 [2015] No.1093。

6) 小方 [2013] p.64 は、企業や政府から、職業に必要な能力として汎用的能力や態度の育成が大学の職業準備教育として要求されている状況を、従来の大学の職業準備教育のモデルであった「専門職モデル」や「探究モデル」といったモデルと対比して、「コンピテンスモデル」と呼び、学問的な知識体系や研究への参画を必ずしも要求せず、「脱学問」という力学を内包させているという。法科大学院制度が始まる以前には、官僚や法曹等の法律専門職の養成を目的としていたと一般的には受け止められがちな法学部も含めて、高等教育機関に対して企業側が求めてきたのは、専門的知識・技能よりも「ジェネラリストとしての基礎となる高度で幅広い教養のより一層の充実した修得」であり、「幅広い教養と人格の陶冶」であったと指摘されている。参照、三阪 [2016] p.46。

7) 本田 [2004] p.39、および同 p.42。

8) 日本学術会議 [2017]。

9) 日本学術会議・大学教育の分野別質保証推進委員会法学分野の参照基準検討分科会報告 [2012] p.9。

10) この点について、人文社会科学系諸分野の多くの「参照基準」の目標の重点が「市民性の涵養」といったリベラルアーツ教育であるなかで、法学分野は相対的に一定の専門性のある人材育成を目指している点に特徴があるとする指摘がある。参照、岡田 [2016] p.10。

11) 日本学術会議・政治学委員会政治学分野の参照基準検討分科会 [2014] p.9。

12) Castells [2011], Preface to 2010 edition.

13) 本田 [2015] No.422。

14) 三阪 [2016] p.48。さらに、参照、本田 [2015] No.705、石田 [2014] p.42。なお、従来の企業による新卒者の採用では、大学教育修了前に採用が決まってしまうため大学教育で何を身につけたかが重視されないことは明らかであった。

15) 参照、朝日新聞・朝刊 [2018]。

16) 石臥 [2017] p.62。

17) 水野 [2018] は、「デジタル化とグローバル化は想定外のライバルを生むなど競争環境を大きく変え、企業は事業戦略を描きにくくなった。この先、どんな能力のある人材が必要かを見通すのは難し」いという。

18) 日本経済新聞・朝刊 [2018] は、「日本の学生は外国の若者と比べて積極性や活力で見劣りするといわれるが、『協調性』『コミュニケーション能力』を過度に重視してき

た企業の採用活動にも問題がある。/それぞれの企業が、どのような力を持った人材を必要とし、どんな勉強や経験を積んでいることが望ましいかを明示すべきだ。経営戦略そのものが問われる。」という。

19) 本田 [2018] p.21 以下。

20) 豊永 [2018] p.89 以下。

21) 本田 [2015] No.1456。これに対して、柔軟で汎用性の高いキー・コンピテンシーやジェネリック・スキルなどの能力は、個人に対して何らアイデンティティや進路、キャリアについての指針を与えないという。同 No.1802。

22) 本田 [2015] No.1819。なお、小方 [2013] p.72 も「キャリア全体を通じてエンプロイアビリティを担保する柔軟性のある専門職」の育成の重要性を述べている。

23) 本田 [2015] No.1817。

24) 本田 [2015] No.893。

25) 参照、三阪 [2016] p.48。

26) 参照、小方 [2013] p.70。小方はさらに、「専らコンピテンスモデルに飲み込まれた際に大学は、逆説的ながら社会からの信頼を失墜する。なぜならば大学に対する社会の信頼を根本で支えているのは、それを教養と呼ぼうが専門と呼ぼうが、学問に他ならないからである。」という。

(大田直史)

第6章
限界都市化に抗する共感型コミュティの必要性
— Community Based Learning を手がかりとして

6-1

日本における限界都市化の現状

6-1-1　LORC における限界都市化

　LORC の第 4 期 (2014 年 ~2018 年) では、限界都市化に抗する持続可能な地方都市行政の「かたち」とそれを実現するための地域政策実装化への道筋を研究してきた。限界都市化とは、健康で文化的な暮らしを持続するために必要な都市機能を質的、量的に維持することが難しくなっている都市を意味する。人口減少と高齢化、地域資源の管理・活用能力の低下している日本の様々な地域で限界都市化が進行している。

6-1-2　限界都市化による影響

　わが国の人口は、明治に急増し 1967 年に 1 億人を突破した。2008 年の 1 億 2,808 万人をピークに減少傾向にある。2019 年 4 月 1 日時点の人口が 1 億 2,623 万人である。2048 年には 9,913 万人、2060 年には 8,674 万人になると推計される。

　人口規模が小さくなるにつれて、人口減少率が高くなる傾向がみられる。特に 1 万人未満の市区町村では、人口が半分に減少すると見込まれている。2050

年には、人が住んでいる地域のうち6割以上の地域で人口が半分以下に減少し、さらに2割の地域では無居住化すると推測されている。都市より地方が深刻な局面に入りつつあることが分かる。

厚生労働省は、人口減少による影響として3点を挙げている。1つ目は、経済への影響である。人口減少によって就業者数が減少する。労働投入が減少し、生産力が低下する。2013年とりまとめられた厚生労働省の雇用政策研究会の報告書によると、経済成長と労働参加が適切に進まない場合は、2030年の就業者数は、5,449万人と推計される。2012年の6,270万人と比べると、821万人の減少である。

2つ目は、地域社会への影響である。地方での人口減少は、労働力人口の減少や消費市場の縮小を引き起こし、地方の経済規模を縮小させる。そのことが、日常生活を支える社会的インフラ機能の低下を招き、更なる人口流出を引き起こすという悪循環に陥る。その他にも地域の伝統行事等の継承、学校の閉校による活力低下、農林水産業の衰退や森林・農地の荒廃、商業・商店街の衰退といったように、地域住民に必要なサービスの確保も難しくなってくる。

3つ目は、社会保障への影響である。人口減少により、社会保障の担い手が減少し、社会保障制度の維持そのものが難しくなる。高齢化に伴って社会保障支出は今後も増大する。人口減少と少子高齢化が進行すれば、増え続ける社会保障給付費を賄えるだけの保険料収入や税収を確保することが困難になる。そのことは、現役世代の負担の増大、ないしは負担増を抑制・回避するための借金(国債の発行)による、将来世代への負担のさらなる先送りを余儀なくされる。

6-1-3 コミュニティの変化

図6.1はOECD [2005] の調査によるものである。「友人、同僚、その他宗教・スポーツ・文化グループの人と全く、あるいはめったに付き合わないと答えた比率」を表す。

日本は、アメリカの5倍、イギリスの3倍の回答率を示す。日本が社会的孤立度の高い国であることが分かる。

また、図6.2はNHK放送文化研究所 [2013] の調査結果である。

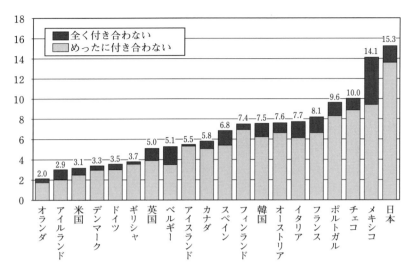

出所：Society at a Glance：ECD Social Indicators-2005 Edition.

図 6.1　社会的孤立の状況 (OECD 諸国の比較)。

　注目したいのは、「家族が一番大切」と考える人の割合が年々増加し、「地域との深いつきあい指向」が低下していることである。コミュニティと人との関わり方に変化が見られる。
　このような変化について、広井 [2009] は以下の通り指摘している。
　農村社会が主流であった時代は、家の近くに田畑をもち、家族総出で作物を育てていた。生産コミュニティ(=作物を育てる) と生活コミュニティ(=居住) が接近をしていた。高度経済成長によって、都市化・産業化が進み、生産コミュニティと生活コミュニティは次第に分離していくようになった。高度経済成長のときは、人々の努力が右肩あがりの経済成長という目に見える形で結果が表れた。だからこそ、生産コミュニティと生活コミュニティの分離が進んでも、経済成長がそれぞれのコミュニティをつなぐ役割を果たしていた。
　しかし、現在は限界都市化が進行する社会である。生産コミュニティと生活コミュニティをつないでいくためには、経済成長にとって代わる「何か」が必要となってくる。

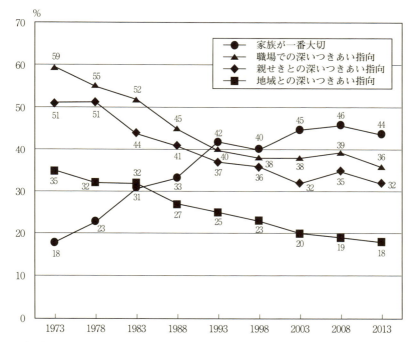

出所：NHK 放送文化研究所「第 9 回「日本人の意識」調査 (2013) 結果の概要」。

図 **6.2** 日本におけるつきあい指向。

　その「何か」とは地域社会でのつながりの復活ではないだろうかと考える。数十年前と比べると地域をとりまく環境は変化している。従来型のつながりではなく、今の時代にあった新しいつながりを再構築していかなければならない。特に、人口減少社会においては、若い世代との関わりは喫緊の課題である。一つのアプローチとして、本章では Community Based Learning について紹介する。

6-2 地域とともに学び合う Community Based Learning

6-2-1 Community Based Learning とは

Community Based Learning (以下、CBL) は、アメリカオレゴン州にあるポートランド州立大学 (以下、PSU) が全学的に取り組んでいる高等教育プログラムとして有名である。学生もコミュニティも共に学び合い、相互の信頼関係を築くことを目的としている。個人的/市民的/社会的責任を涵養しながら、制度やコースの成果を満たすために相互的パートナーシップ、コミュニティへの関与、批判的なリフレクションを融合させた教育手法である。学生は、様々なリフレクションの手法 (ディスカッション、報告書作成、プレゼンテーションなど) を通して自分の経験と学術的知識を関連づけ、コミュニティへの理解を深める (図 6.3)。コミュニティは地縁組織だけでなく、公的セクターや企業

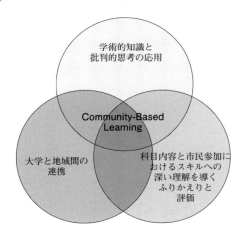

出所：Portland Community College より抜粋、筆者により和訳。

図 6.3　CBL 概念図。

セクター、市民セクターも含まれる。アプローチは、授業、インターンシップ、実習、院生助手として仕事をしながら行うもの、卒業プロジェクトとしての学び、個人のプロジェクト、グループのプロジェクトなど多様である。PSU で

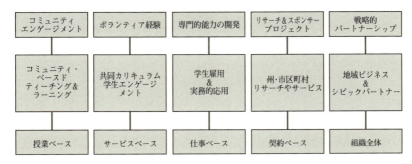

出所：CBL サポートスタッフのためのワークショップ資料 (2016 年 12 月 13 日実施)。

図 **6.4** 他のパートナーシッププログラムとの区別。

は、様々なパートナーシッププログラムが展開されているが、他の取り組みとの区別は図 6.4 の通りである。

LORC での調査・研究をもとに開発・運用されている京都発の地域公共人材育成システム「地域公共政策士」の資格教育プログラムの中にも CBL の要素を取り入れた講義が生まれてきている。

6-2-2 龍谷大学政策学部による Community Based Learning の概要

本節では龍谷大学政策学部で開講している科目「政策実践・探究演習 IA、IIA (国内)」を事例に、CBL について説明する。本科目は、2014 年度からスタートした。目的は、地域における調査研究及び政策実装を行い、人類的及び地域課題を発見し、その課題を他者と協働して解決することのできる協働型社会づくりに不可欠な人材育成を行なうことである。

地域の実際的な課題について取り組む大学／地域連携プロジェクトが複数動いている。2019 年度は、「福知山 (京都府)・守山 (兵庫県) プロジェクト」「洲本 (兵庫県) プロジェクト」「京丹後 (京都府) 防災プロジェクト」「亀岡 (京都府) プロジェクト」の 4 つの個別プロジェクトが実施されている。テーマは、話し合い、グリーンツーリズム、防災、農業と多様だ。この科目は、最大 2 年間の受講が可能である。対象は学部 2 年生から院生と幅広い。学年を超えたチームワークが肝要となる。

特徴として3つ掲げている。1つ目は、事前・事後学習と個別プロジェクトの活動を組み合わせた形になっていることである。事前学習では、地域調査に必要な知識・スキルの習得やプロジェクト横断型のグループワークを行う。事後学習ではプログラムのアセスメントを行う。

2つ目は、学部生、院生、1年目受講、2年目受講の学生がそれぞれ異なる到達目標と役割をもって共に学び合うことである。

3つ目は、実際の地域の課題に対して、受講生が自ら課題を分析し、連携先との協働により解決策を企画・実施することを通じて、論理的思考力、表現力、マネジメント能力などを身に着ける一歩進んだ学びを得られることである。各プロジェクトで20〜30人前後が受講している。

6-3
Community Based Learning による大学と地域の変化

6-3-1　地域での変化

龍谷大学政策学部でのCBLの取り組みは2019年度で6年目を迎える。地域でもいくつかの変化が起こっている。どのような変化が起こったのか詳しく理解するために、筆者を含むLORC研究員4人が一年間をかけてCBLプログラムについて調査・分析を行った。そのプログラムとは、京丹後市大宮町五十河地区で実施したCBLである(以下、五十河CBL)。五十河地区は200世帯ほどの小さな集落である。人口減少、高齢化が進む典型的な田舎である。2016年度より「聞き書き」をテーマに掲げたプログラムを実施した。「聞き書き」とは、地域住民、特に高齢者に対してくらしや歴史、文化などについてお話を伺い、その内容を1つの読み物として作品にまとめることである。作品は冊子にし、五十河地区の全世帯に配布した。

村田・久保・清水・大石[2018]は、五十河CBLプログラムの受講者や地域関係者へのインタビュー、事前・事後アンケート、事前・事後(学習)レポートを通じて、大学・地域の変化について考察をした。その内容を踏まえ、大学と地域にどのような変化が訪れたのかについて述べる。

1つは、内発的地域振興である。冊子を読んだ地域住民からは「長年近くに住んでいる人がこんな特技を持っていたことを知らなかった。知ることができ

てうれしかった。」「もっと地域外にも発信したい。」といった感想を得た。保母 [1996] は、内発的な地域振興について「地域内の資源、技術、産業、人材などを活かして、産業や文化の振興、景観形成等を自律的に進めることを基本とするが、地域内だけに閉じこもることを想定していない」と述べている。大学生という域外の第三者が関わることで、地域住民が気づかなかったような地域資源の再発見につながっている。

また、大学と地域の橋渡し役をしていた市役所職員からは、以下の感想が寄せられた。

> 「自分が古くから知っているおじいさん、おばあさんが昔、していたことや地域への考え方など知らないことが多かった。それを引き出せたのは、学生さんの力かな、と思う。」
> 「役場で聞き取りしたところで、あんなリアクションは返ってこないと思う。聞き取りしても事実しか言わない。そういう意味ではすごく意味があった。」

「聞き書き」を通して、受講生が地域をより深く理解するだけでなく、地域住民自身が地域での生活史を振り返ることで地域への愛着や人々のつながりを再認識することにつながったと言える。2017 年度には地区の新旧区長が集まって地域協議会を設立し、地域づくりの主体が生まれている。地区合同の行事としては数十年ぶりとなる「五十河地区合同文化祭」が 2017 年度、2018 年度開催されている。

6-3-2　大学生の変化

1 年間もしくは 2 年間の受講を通して、大学生にもいくつかの変化と課題が見られる。前節と同じく五十河 CBL を事例に説明する。

2016 年度の五十河 CBL 受講生 13 人を 4 グループに分け、事前 (前期授業開始直後)・事後 (後期授業終了後) とも同じメンバー構成でインタビューを行った。事前インタビューでは、授業をとった理由、五十河 CBL を選んだ理由、京丹後のイメージを中心に、事後は、感想や京丹後のイメージについて語ってもらった。インタビューの時間も制限せず受講生が終了の意志を告げるまで続けた。インタビューは、受講生が話しやすい環境を整えるために、CBL に直

接関わっていない者によって行われた。

　インタビュー時間は、事前が15分から25分、事後は40〜45分程度となった。どのグループも事後インタビューは事前インタビューの2倍以上の長さであった。事後インタビューでは、参加者たちが率先して語るという様子がどのグループでも見受けられた。

　プログラムを選んだ理由は、「友達がとるから」「消去法で」「なんとなく」「遠くに行けるから」といった消極的な理由が事前インタビューであげられた。京丹後のイメージについても同様に、「田舎」「山」「北の方」「イメージがない」といった抽象的な表現の使用が大多数を占めていた。受講生は必ずしも自ら積極的に京丹後市に関わろうという意思をもって始めたわけではないことがわかる。

　事後インタビューではいくつかの特徴が見られた。1つは、視点の変化である。事前インタビューで用いられていた「京丹後に行く」という表現が、事後インタビューでは、「ぜひ京丹後に来てくださいよ」(行く ⟹ 来る) と変わった。京丹後に対する視点が、ソトからウチに移行したことが分かる。事前インタビューでは京丹後のイメージは、「山」「田舎」といった無生物が対象であったが、事後インタビューでは人と人のつながりや、地域の特定の人 (固有名詞で言及) といった有生物へと移っていた (表6.1)。そして、引き続きこの地域に関わっていきたいという思いの変化が読み取れた。

表 **6.1**　事後インタビュー (1)。

S	イメージ?　うーん。一番、パって出るのは、人の温かさですかね。
I	ああ。
S	うん。なんか、まあ、外から来た人間やけど、すごい温かく迎えてくれるし
	(中略)
S	もともと、そこ、学生は、そこの地域も学生とかがほとんどいないような、ほとんどいない、
I	うーん。
S	地域なんで、その、おじいちゃんとか、そんな、コンニャク作りのFさんっていう方は、もう、す、なに、すげえみたいな感じで言ってくださる。言ってくださるんですよ。

出所：『LORC ジャーナル』第 12 号 (2018) より抜粋。

　2つ目は、汎用的能力の向上である。受講生の学習アウトカムの変化を測る

表 6.2　事後に高評価に転換したアンケート設問項目。

①地域活動や地域政策を分析・評価する方法を理解し、その結果について<u>説明</u>することができる。

②地域における様々な課題について、それらが相互に関係していることについて<u>説明</u>することができる。

③地域における様々な課題について、その解決に何が必要か理解し、解決のために具体的な地域活動や事業を<u>企画</u>し、<u>提案</u>することができる。

④地域活動や調査を適切に記録・整理・分析し、その結果や成果を<u>理解</u>することができる。

⑤調査結果や成果を適切に人に伝えることができる (論理的でわかりやすい<u>プレゼンテーション</u>ができる)。

出所：『LORC ジャーナル』第 12 号 (2018) より抜粋、下線は筆者が加筆。

ため、事前／事後アンケート調査を行なった。事前アンケートは 2016 年 5〜6 月、事後アンケートは 2017 年 1〜2 月に実施した。アンケートの設問は、地域公共政策士の学習アウトカム (知識／技能／職務遂行能力) のレベル 6 を参考に設定し、4 段階評価とした。

　事前／事後を比較し、事後に高評価に転換したのは表 6.2 の通りである。

　高評価の設問のキーワードとして「理解」「説明」「企画／提案」が挙げられる。個人に資する学習アウトカムを指すものが多い。「政策実践・探究演習」のシラバスに記載されている到達目標と相似する。到達目標は以下の通りである。

① 文献資料、データベース、ヒアリングデータ等を活用して、地域における課題を調べることができる。

② 現地でのプロジェクト活動を企画・立案し、実施し、プロジェクトマネジメント能力を身につける。

③ 調査研究及びプロジェクト活動の成果をまとめて論理的なプレゼンテーションを行うことができる。また、地域や連携先との意見交換等を踏まえて、地域や連携先に向けた適切なプレゼンテーションを行うことができる。

　これらの能力は、現場性を伴ったアクティブ・ラーニングにおいて身に付く汎用的能力であると言える。

　3 つ目は、プロジェクト全体をとらえる視点の涵養である。事後アンケート

表 **6.3** 事後に低評価に転換したアンケート設問項目。

①プロジェクトを<u>主導的</u>に<u>発動し遂行する</u>力
②地域社会の改革や発展のための計画やプログラムを<u>責任を持って</u>策定し<u>実行する</u>力
③地域社会における様々な課題に対応するために必要な知識・技能・実践方法に<u>習熟</u>し、それらが地域社会に与える影響を適切に判断する力
④題を創造的に解決するために必要な地域社会の<u>再構成</u>について理解する力
⑤様々な理論・政策・情報を組み合わせた<u>客観的な分析と評価</u>による<u>既存の概念の修正</u>に関して理解する力
⑥持続型社会の構築に向けた、地域社会における様々な活動と活動を担う主体の<u>再構成</u>に関して理解する力
⑦地域社会における課題をめぐる状況を判断し、<u>自らの力で</u>状況を<u>改善する</u>力
⑧特定の分野における<u>責任者</u>として業務を<u>遂行する</u>力
⑨地域社会における政策提言及びプログラム運用への<u>企画・調整・主導</u>をする力
⑩実務における<u>リーダー</u>として<u>業務の発展</u>と<u>組織の改革</u>に取り組むとともに、<u>構成員を組織的に活用する</u>力
⑪課題の解決のために必要な社会的資源を必要に応じて<u>再構成する</u>力
⑫業務の管理・運営に関する特定分野を<u>総括する</u>力

出所:『LORC ジャーナル』第 12 号 (2018) より抜粋、下線は筆者が加筆。

で低評価に転換したのは表6.3の通りである。

低評価の設問では、汎用的能力を複合的に組み合わせた学習アウトカムを指すものが多い。個人よりは、プロジェクト全体として達成する学習アウトカム (プロジェクトの中で自分がどのような役割を果たすのか) の項目が多い。プロジェクト全体という視点で評価することで、自分に欠けていたもの、足りなかったものを認識できたため、低評価に転換したと思われる。

受講生には、前期終了時 (中間) と後期終了時 (事後) に学習レポートを提出してもらった。ここでは、事後学習レポートに注目する。事後学習レポートは、この科目を通じて①できるようになったこと、②やるべきだができていないと気づいたこと、③今後の自分に必要な学び、の3点について自己評価をする設問がある。その内容について、1年のみ履修した受講生と、2年間連続して履修した受講生では違いが見られる。

前者は主に個人の関与度合いについての言及が目立つが、後者はプロジェクトのあり方や地域住民との関係についての言及が多くなっている (表6.4)。し

表 **6.4** 事後学習レポート記述内容の比較。

	No.	設問①「できるようになった」	設問②「できなかった」	設問③「今後必要な学び」
1年のみ履修	1	年配の方とのコミュニケーションの取り方が少しわかるようになった。チームをまとめるという経験ができた。	PJ 全体となると、私はあまり意見が出せていないため、私がいなくても PJ は運営できるし、PJ において重要な役割も果たせていない。	大人数の前でもしっかり自分の意見を主張し、組織を動かす力を持つために、意識的に発言していくという練習をすること
	2	自分の意見やみんなの前で発表するという機会が多かったので、以前よりは話す力が身についた	地域に実際に訪れた際に、自分から積極的に行動を起こせていなかった。	積極性を高めなければならない。自分で企画できるようになる能力、自分のアイディアや考える力をもっとつけるべきだと感じた。
	3	グループで協力することや、責任感を持たなければいけないということを学びました。… 前よりかは自然と初対面の人と話せなくても、その人のことを知ろうとするようになったと思います。	自分の意見を持ち伝えることがとても重要であると考えますが、まだまだできていない部分であると思いました。	相手のことを考えて行動しなければいけないということ。地域に入って見ないとわからないこともあり、その場でどのように動けばよいか考えるという臨機応変に対処していかなければならない。
2年間連続履修	4	決められた範囲の中で必要なことを責任をもって果たすこと。	もっと本質的に地域に関わり解決へと向かうことが重要になってくる。特にできていなかったことは「幅広く地域と関わること」だ。	地域課題を解決するために論理的に考える思考が必要である。今何が資源としてあって、何が不足していて、それをどう関連付けて、体系的にまとめることができるかが、来年度取り組むべきことだ。
	5	実際に (地域に) 入っていくプロセスを経た。相手のことを聞き出すこと。	計画の (実施だけでなく) 立案。	PJ としてのゴールをしっかりと定め、そこに対するアプローチを考えてアプローチすること。
	6	パソコンを活用する力がついた。地域の方とコミュニケーションを取ろうとし、本当の豊かさとは何か考えるきっかけになった。地域課題を私たち学生らしさを生かして、どう解決していくか多面的に考えられるようになった。	地域の方が満足しているところに、学生たちが足を踏み込んでいいのか。外部の私たちが問題だと思って実際、内部の現地の方が問題と思ってなかった場合どうすればいいのか。… 地域に入ることの難しさを学んだ。	もっと地域の課題に長期的に取り組むこと。… 地域の課題を本当に解決したいのであれば、本気で向かい合わないといけない。

出所：『LORC ジャーナル』第 12 号 (2018) より抜粋。

かし、個人レベルの知識・技術・能力の獲得という視点よりも、プロジェクトとしての達成度や地域社会への影響といった視点から自己評価することが、継続的な学習への動機づけに関わっている可能性がある。

6-4

共感型コミュニティの必要性

6-4-1 CBL によって形成される共感型コミュニティ

前述の通り、地域／大学とともに変化が生じている。CBL での実践を通じて、大学と地域をつなぐ新しい学びのコミュニティが形成されているのではないかと思う。第7章では、実践を通じた学びのコミュニティを「実践コミュニティ」として紹介をしている。詳細はそちらでご確認いただきたい。

J.Lave & E.Wenger [1991] では、実践コミュニティへの参画の過程を正統的周辺参加と呼ぶ。コミュニティへの参画度が高まるにつれて、参加者のコミュニティでのアイデンティティが確立する。J.Lave & E.Wenger [1991] は、正統的周辺参加への鍵として、実践コミュニティへの新参者のアクセスにあると指摘している。実践型コミュニティを規定する意味が、自分自身の価値観に近ければ近い—— つまり、共感度が高い —— ほど、参画度が高い、十全的参加の状態へとつながっていく。そこで、筆者は CBL で生まれたコミュニティを「共感型コミュニティ」と呼ぶこととする。

6-4-2 共感型コミュニティへの参画過程

五十河 CBL の取り組みの分析を通して、共感型コミュニティへの参画過程には3段階があると考える。多くの変化が見られた大学生の視点からその段階について述べる。

最初の段階であり、最も重要なのは「コミュニティへのアクセス」である。キーワードとなるのは、当事者性である。前述の通り、コミュニティを規定する意味と自分自身の価値観が近ければ、コミュニティへのアクセスはしやすくなる。近いということは、コミュニティの持つ意味への当事者性が高いことを意味する。実際、五十河 CBL では大学生の視点がソトからウチへ移行したのが分かった。

この傾向は、現在の若者の価値観と通じるものがあると捉えている。藤本 [2015] は、経済／教育／家庭／IT 環境が大きく変わった 1992 年に小学生以下だった若者を「つくし世代」と名付けた。低成長時代の日本を見てきた「つ

くし世代」は、仲間とのつながりを大切にし、自分の所属するコミュニティの誰かが得することを自分の喜びとして尽くすことのできる若者たちであると定義する。ただ、彼ら／彼女らは、同じ属性だからといって尽くす対象になるわけではない。藤本は「同じ方向性を向いている」「同じ価値観を持っている」コミュニティに対して尽くす、と説明する。コミュニティの関わりにおいて、当事者性は重要な要素となる。

　次の段階は「個人としての貢献」である。共感型コミュニティにアクセスし実践的交流を重ねることで、参画度が高まる。参画度が高まると、コミュニティへの愛着が湧き、貢献しようという感情が出てくる。

　話し合いをテーマとしたCBL受講生は、「僕は「市民との話し合い」がテーマであるプロジェクトに参加しました。なぜなら、やっぱり自分のコミュニケーション能力に自信がなかったから。1年目は自分自身あまり積極的に活動することができませんでした。2年目はその反省を踏まえて、市役所の方とのやり取り等積極的に取り組むようにしました。本もたくさん読むようになりましたね。「話し合いをなぜやるのか」と考えたとき、その理由をしっかり説明できるようになりたいな、と思って。卒論も市民対話・熟議をテーマにしています」と語った。CBLのテーマがだんだんと自分ごととなり、自分として何ができるのかを模索している様子がうかがえる。前述の学生へのインタビューやレポートからも読み取ることができる。貢献の結果として、個人に資する学習アウトカムが高まっているのではないかと考える。

　最後は、「コミュニティの再定義」である。参画度が高まると、コミュニティが生成する意味に対する理解が深まる。新参者へのアクセスを誘う立場となる。コミュニティそのものや周辺状況を客観的に捉えることができるようになるのではないだろうか。継続的に関わっていくにつれて、学生が地域との関係性や課題解決の方向性などに言及するようになっていることもその表れだろう。

　受講生の中には、CBLで関わった地域に卒業後は公務員として就職しIターン移住をした者もいる。社会人になっても、地域との継続的な関わりを持つために有志によるグループを立ち上げた者もいる。それは、コミュニティを自分なりに再定義したことによって、継続的な関わりにつながっているのだろう。

6-5

共感型コミュニティの今後に向けて

　共感型コミュニティと人々、特に若者をつなぐのは、当事者性や共感といった感情である。経済成長のような目に見えるしっかりとした紐帯ではない。では、共感型コミュニティの保持には何が重要となるのだろうか。

　J.Lave & E.Wenger [1991] は、「語り」の重要性について述べている。実践における語りにおいて、「実践について語ること」と「実践の中で語ること」の区別をしている。「実践について語ること」は、コミュニティの取り組みや関わりをストーリーとして他者に語ることである。「実践の中で語ること」は、進行中のプロジェクトの進展に必要な情報の交換を意味する。この語りが、実践コミュニティのアイデンティティと自分の価値観を照らし合わせるプロセスになるのではないだろうか。その距離が近い場合は、語りを重ねれば重ねるほど、実践コミュニティは、本人にとって共感型コミュニティとなっていく。自らが語り、他者の語りを聞くことによって、共感型コミュニティは保持されていくのではないだろうか。

　CBL は、学生もコミュニティも共に学び合い、相互の信頼関係を築くことを目的としている。様々なリフレクションの手法を用いて、自分の経験と学術的知識を関連付け、コミュニティへの理解を深める。CBL の目的を達成するために、プログラムの中では多様なステークホルダーと語り、自分たちの学びや気づき、思いを語る場面が自ずと多くなる。その語りが CBL によってできる共感型コミュニティの保持につながっているのではないだろうか。

　本書のテーマである包摂的発展については、多様なアプローチがあるだろう。包摂的という表現から、「社会的に弱い立場にいる者が守ってもらう」というイメージを持ちがちだ。その点も重要ではある。しかし、私が危惧するのは、コミュニティでのつながりが希薄化し、関係性が家族の中に閉ざされてしまうのではないかという点だ。限界都市化が進行する日本社会、特に地方において、その傾向はますます強くなるのではないかと考えられる。その課題を解決するためには、居住だけにとどまらない、新しいつながりの構築が必要だ。とりわけ、若い世代とのつながりが重要となる。CBL は若い世代との新しい

つながりを創出する一役を担うのではないだろうか。

　地方創生が叫ばれる昨今、出生率の向上、移住・定住者の増加といった目に見える数字に注目をした政策が多い。各地域で人口の囲い込みが始まっている。しかし、今の日本の状況を考えると現実的ではない。

　まずは、自分を解放し、語ることによって、共感する他者を見つけることが包摂的発展の第一歩となるのではないだろうか。

■参考文献

久保友美 [2017]、「大学間連携による地域公共人材育成 ── 先端的京都モデル「地域公共政策士」の現状と課題」、『龍谷政策学論集』第 6 巻第 1・2 合併号、2017 年、pp.51–62。

厚生労働省『厚生労働白書 ──人口減少社会を考える ──』、平成 27 年度版。

定松功 [2018]、「地域公共政策士資格制度を通じた地域公共人材の育成」、『地域開発』、第 625 号、2018 年、pp.80–83。

土山希美枝 [2008]、「地域公共人材への視座」、土山希美枝・大矢野修編『地域公共政策をになう人材育成 ── その現状と模索』日本評論社、2008 年。

保母武彦 [1996]、『内発的発展論と日本の農山村』、岩波書店、1996 年。

藤本耕平 [2015]、『つくし世代 ──「新しい若者」の価値観を読む』、光文社新書、2015 年。

藤本耕平 [2016]、『「つくす」若者が「つくる」新しい社会』、ベストセラーズ、2016 年。

村田和代・久保友美・清水万由子・大石尚子 [2018]、「コミュニティ・ベースド・ラーニングとしての京丹後プロジェクトの評価 ──「聞き書き」活動をふりかえって」、『LORC ジャーナル 地域協働』、2018 年、pp.15–22。

広井良典 [2009]、『コミュニティを問いなおす ── つながり・都市・日本社会の未来 ──』、筑摩書房、2009 年。

Etienne and Beverly Wenger-Trayner [2005], *Introduction to communities of practice: A brief overview of the concept and its uses.*

Lave, J. and Wenger, E. [1991], *Situated Learning: Legitimate Peripheral Participation*, Cambridge: Cambridge University Press. (佐伯胖訳『状況に埋め込まれた学習 ── 正統 的周辺参加』、1993 年、産業図書)。

Wenger, E. [1998], *Communities of Practice: Learning, Meaning, and Identity*, Cambridge: Cambridge University Press.

Portland Community College, https://www.pcc.edu (2019 年 6 月 28 日アクセス)。

（久保友美）

第7章
〈つなぎ・ひきだし・うみだす〉ための
コミュニケーションデザイン

7-1

地域公共人材と話し合い

　LORC第1期では、持続可能な地域社会を支える「地域公共人材」の姿を措定した。地域公共人材とは、地域社会において公共政策の形成を主導し、職業や組織、産官学民のセクターの壁を超えて関係性を構築し、パートナーシップを結びながら活動できる人材である (土山・大矢野 [2008]; 白石・新川・斎藤 [2011])。

　地域公共人材の特徴として、社会のごく一部の専門性を持つ特別な人、ある職業に従事する人だけを指すのではないという点があげられる。参加を基礎に置く地域社会システムにおいては、誰でもが政策主体として活動する可能性があるため、「地域公共人材」としての専門性レベルの差はあれ、広範な市民層も潜在的な地域公共人材であるととらえることも可能で、ある種の市民性と言うこともできる (図7.1)。

　LORC第1期、第2期における実践的研究で、地域公共人材に求められる能力としてとりわけ重要なのが、〈つなぎ・ひきだす〉能力であることが明らかになった。〈つなぎ・ひきだす〉能力とは、利害や価値観またはセクターも異なる他の主体と、対話や議論を通して、関係性を構築し (つなぎ)、理解や共感、発

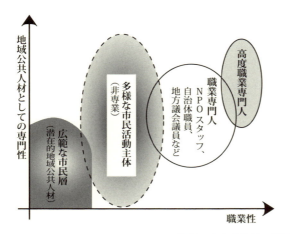

出所：土山希美枝・村田和代 (2011:15)

図 7.1　地域公共人材の分布

見やアイディアをひきだし、そこから連携や協力など、政策過程を進めるものを生み出しうる能力である。参加を基礎に置く地域社会システムにおいては、誰でもが政策主体として活動する可能性があるため、〈つなぎ・ひきだす〉力は、特別な能力というよりも、「多様な人々で構成される社会で、課題解決のために、多様な主体間で連携やネットワーク (つながり) をもって活動すること」や「そのための対話や議論」の重要性に共感できる力 (素養) と考えてもよいだろう (土山・村田 [2011] p.16)。

　協働型地域政策形成のためには、多様な価値観や背景を持ったさまざまな人々との対話や議論が必須である。しかし、ここで言う「議論」とは、意見を戦わせて、相手を論破するディベートではない。同じ地域に関わる人々が、将来にわたって連携を続けることは、勝ち負けを決めて対立を続けることと相いれないことは容易に想像できるだろう。すなわち、〈つなぎ・ひきだす〉対話・議論とは、異なる意見をすりあわせて、お互いが納得できる着地点を見つけるといった対話型の話し合いである (村田 [2014])。

　〈つなぎ・ひきだす〉能力を提案した際には、たとえば、実践 (具体的な行動) のような成果を生み出す能力は別であると考えていた。こうした成果の成否

は、〈つなぎ・ひきだす〉関係の上に、一定の条件が満たされるかどうかに依存する。たとえば、物質的な資源の制約や時機、当事者の事情あるいは戦略といった要因などの状況によるからである。一方、〈つなぎ・ひきだす〉といった当事者の能力や資質を基礎として、何がうみだす触媒 (要素、要因) となりうるのかについては、次の研究課題でもあった。

　続く第3期では、第1期、第2期で開発した〈つなぎ・ひきだす〉能力育成のための研修 (土山・村田・深尾 [2011]) を、ある特定の組織や職業に就いた人々のための「研修」という設定から脱却させ、地域社会における実装化 (研修に参加する個人の能力育成のみならず、研修を地域の実際の課題探究・解決に活かす) をめざして研究をすすめた。具体的には、2年間かけて、特定の地域に入り、ある課題をめぐる関係者間の関係の醸成と、問題解決にむけた行動の触発 (協働・連携プラットフォーム構築のためのプレステップ)、言い換えると、PDCA (Plan：計画、Do：実施、Check：評価、Action：改善) の前段階であるウォーミングアップのフェーズから、Plan (計画) への展開を目指したコミュニケーションデザインを提案した (詳細は、村田・井関 [2014])。この実証的研究を通して、話し合いの設え (参加者の設定や話し合いのタイプの選定や進め方) をデザインすることによって、〈うみだす〉につなげることが可能ではないかという示唆を得た。

　LORC 第4期では、協働・連携プラットフォーム形成メソッドとしての話し合い学の構築をめざした。期間中に、市民参加型の話し合いをめぐる研究者が会して計3回のラウンドテーブルを開催し、領域を超えて議論を行った[1]。1990年代後半からまちづくりをめぐって、クロスセクターや市民参加型の話し合いが取り入れられてきたが、形骸化しつつあること、そしてアイディアが出されてもそれがアクションにつながっていない点等が指摘された (村田 [2017], [2018])。意見交換や合意形成のツールとしての話し合いも重要ではあるが、第4期で目指したのは、セクターを超えて、課題解決や新しい価値創造に向けた施策や協働事業を生みだし実践に移していく場を形成する話し合いのあり方

---

[1]『「市民参加の話し合い」を考える』(2015年1月)、『「話し合い学」構築をめざして』(2016年3月)、『話し合いの可能性を考える』(2018年3月) といった3つのテーマのラウンドテーブルを開催した。

(コミュニケーションデザイン) の探究と言える。とりわけ、3回目のラウンドテーブル『話し合いの可能性を考える』では、ソーシャルイノベーションにつながる話し合い実践をめぐる議論の中で、「話し合いは手段ではなく目的 (社会のあり方そのもの) である」という話し合いの新たなとらえ方を共有した。

　本章では、〈うみだす〉話し合いのエッセンスとそのような話し合い実践を通した参加者の変化について、事例をもとに論ずることとする。

7-2
イノベーションをうみだすコミュニケーションデザイン —— 「渋谷をつなげる 30 人」から

7-2-1　「渋谷をつなげる 30 人」とは

　渋谷区は、東京 23 区のほぼ中央部に位置し、千代田区、中央区、港区、新宿区とともに都心 5 区のひとつに名前が挙げられる。居住者は 23 万人だが、昼間人口は人口の 2.5 倍を超える 54 万人で、昼夜間の人口比率は千代田区、中央区、港区の都心 3 区に次いで第 4 位となっている[2]。若い世代、現役世代が日中に多く集まる区であることがわかる。渋谷駅は、東日本旅客鉄道 (JR 東日本)、京王電鉄・東京急行電鉄 (東急)、東京地下鉄 (東京メトロ) が乗り入れをする巨大ステーションとなっている。渋谷駅前の「スクランブル交差点」や「忠犬ハチ公像」は世界的にも有名で、今や渋谷は国際的な成熟都市のひとつである。一方、最近では、ハロウィンには世界各地から奇抜な仮装をしたひとたちが集まり、大みそかにもカウントダウンのために国内外から大勢の人でごった返し、飲酒による危険な行為やごみ投棄が海外メディアでもとりあげられるほど大きな社会問題となっている。さらには渋谷区内で落書きも多発し、周辺住民や働く人たちにとって深刻な課題となっている。

　渋谷区で 2016 年にスタートした「渋谷をつなげる 30 人」(以下「渋谷 30」と表記) は、渋谷にある企業、市民セクター、行政からの参加者がクロスセクターの話し合いを通したコレクティブインパクト[3]である。渋谷区の基本構想のビジョン「ちがいを ちからに 変える街。渋谷区」の具現化や渋谷区の地域

---

[2] 東京都の統計より。http://www.toukei.metro.tokyo.jp/jsuikei/js-index.htm.

[3] コレクティブ・インパクトとは、異なるセクターの組織 (行政、企業、NPO、財団、各

課題の解決に取り組むプロジェクトで、主催は株式会社フューチャーセッションズ (協賛 渋谷区) である[4]。2016 年から継続して実施され、このプロジェクトを通してセクターを超えた事業がいくつも生み出されている。

2018 年度の参加者の内訳は、企業から 21 名 (16 社)、市民セクターから 9 名 (NPO 等)、行政から 2 名 (渋谷区職員) である。参加組織からすれば、ネットワーク構築、企業の社会貢献、新しいビジネスの創出をめざした研修的位置づけである。各企業からは次世代リーダーたちが参加している。とは言え必ずしも (研修前から) 社会的意識が高い人が参加しているというわけではない。

半年から 9 か月 (今年 3 回目の実施でその年によって長さは異なる) のプロジェクトで、月に 1 回全員が集まって (10 時〜18 時) プロジェクトを進める。2018 年度は表 7.1 のように進められた。

過去 3 回の実施を通して、毎年実際にまちをフィールドとした組織横断の具体的な事業が色々と生まれてきた。どのような話し合いのデザインが事業 (アクション) につながっていくのか。この問いの答えを見つけるべく、筆者は、2018 年度の「渋谷 30」のフィールドワーク及び話し合い談話収録を行った[5]。

7-2-2 コミュニケーションデザインの観点からの考察

筆者の半年間 (2018 年 6 月〜12 月) にわたるエスノグラフィーに基づくコミュニケーションデザインの観点からの特徴は次の 5 点にまとめられる。

①多様な話し合い実践の提示と習得

Day 1 では、一日かけてファシリテーション研修が行われる。サークル (全

種団体など) が、組織の壁を越えてお互いの強みを出し合い社会的課題の解決を目指すアプローチのことである (Kania and Kramer [2011])。

　[4]株式会社フューチャーセッションズは 2012 年 6 月に開設され、「すべての人がセクターの壁を越えて、よりよい未来を創れるようにする。そのための革新的な方法論とサービスを生み出し続ける」というミッションのもと、日本各地でさまざまな対話の場をデザインしている。「渋谷をつなげる 30 人」について詳細は、http://shibu30.com/。渋谷区基本構想 (2016 年 10 月策定) について詳細は、https://www.city.shibuya.tokyo.jp/kusei/shisaku/koso/index.html.

　[5]本調査は、森本郁代氏、水上悦雄と共同で実施した。ここに記して感謝いたします。なお、本稿については筆者が文責を負う。

表 **7.1** 渋谷をつなげる 30 人プロジェクト (2018 年度)

Day 1 (6 月 21 日)	ファシリテーション研修
Day 2 (7 月 26 日)	各自 15 分間のセッション実施 (自分自身が気になるテーマを持ってきてそれについてのセッションを実施する)
Day 3 (8 月 9 日)	チーム形成 (渋谷 30 で実現可能なテーマを出し合って、メンバー間の共通項をさぐりながら集約していく)
Day 4 (9 月 13 日)	チーム確定 (チームごとのテーマ確定)
Day 5 (10 月 18 日)	オープンセッションのデザイン (チームのテーマに関するステークホルダーを招待して開催するためのセッションの設えを考える)
11 月初旬	各チームによるオープンセッション
Day 6 (11 月 22 日)	オープンセッションのふりかえりと、チームごとの事業プランの組み立て
Day 7 (12 月 13 日)	事業プランの発表
12 月から 3 月	実装化、社会実験 (街中でのプロトタイピングの実施)
Day 8 (3 月 6 日)	実践報告会

員が円座になって顔の見える状態で、一人ひとことずつ話すことで意見を共有する)、ストーリー・テリング (2, 3 人のチームで語ること聴くことを体験する)、ブレインストーミング (問いを提示し自由にアイディアを出し合う)、ドット投票 (ブレインストーミングで出された多様な意見を話し合いで順位付けする)、ワールドカフェ (4, 5 人のチームで紙製の丸テーブルを囲んで書きながら話し合い、別のテーブルにも移動し意見を広く共有する)、フィッシュボール (金魚鉢の要領で話し合う人役とオーディエンスを自由に行き来する)、マグネットテーブル (自分の興味のあるテーマを紙に書き、それが他の人に見えるように持ち歩きながら仲間を探す) といった多様な話し合いや対話の方法を一日の研修の中にすべて取り入れ、参加者がそれらを体験するデザインとなっている。参加者は、どのようなときにどのようなタイプの話し合いや対話を用いれば効果的かを体験しながら考えることができる。

　Day 1 の話し合いのテーマは、「環境問題の本質とは?」といった一般的なものから、「渋谷区で起きているおもしろい変化は?」「渋谷をつなげる 30 人で

図 **7.2** 「渋谷30」の話し合いの様子。

実現できそうな企画アイディア」「自分が取り組みたいテーマと場所」といったように順々に参加者個人（自分事）に近づくように設計されている。Day 1 で体験した話し合いタイプを使って、Day 2 では、一人15分間で自分が興味のあるテーマで話し合いのセッションをデザインしファシリテーターとなり、他のひとたちが参加者となる。Day 5 では、各チームのテーマに関係するスークホルダーを招いての話し合いセッションを実施するが、準備段階では、多様なタイプの話し合いから、時間、メンバー、テーマに沿って話し合いをデザインしていくのである。

②繰り返されるフェイストゥフェイスの話し合い

　Day 1 から Day 7 まで、終日徹底したフェイストゥフェイスの話し合い実践を行う。しかも、チームのメンバー間だけで、終日チームのテーマについて話し合うというのではなく、多様なタイプの話し合い実践を交えながら、異なるメンバー間で、異なるタイプで、そして話し合いのテーマもさまざまなアングルからのアプローチで、話し合いが繰り返されるように設計されている。特徴的なのが、参加者間のクローズドの話し合いにとどまらず、チームのテーマに関係するステークホルダーを自分たちで招待して実施するオープンセッションが組み込まれている点である。

　このように、参加者間、参加メンバー以外の人たちとの話し合い実践を繰り返すことで、参加者同士の関係性、そしてテーマに関連するステークホルダーとのネットワークが構築される。加えて、チームのテーマ（2018年度のテーマ

例：渋谷の落書問題の新しい解決方法、渋谷スクランブル交差点の魅力と未来、幸せに働くためのアイディアを渋谷から生み出すには) についても、多角的な観点から考えることができる。このような話し合い実践を通して、研修に来たという受け身な態度から、よりよい渋谷にするのは自分たちである、自分(たち) で何とかしたい、という思いが強くなる様子がみてとれる。地域に対する関心や社会的意識が高くなかった参加者たちが、回を重ねるうちに、驚くほど渋谷のまちについて語りだすのである。そして、思いや発言にとどまるだけでなく、まちをフィールドとした組織横断の具体的な事業が色々と生まれてきているのである。

③参加者の人数規模と多様性

　先にも触れたように、本プロジェクトの参加者は 30 人 (前後) である。30 人という設えは、コミュニケーションデザインの観点からしても大きな意味があると考える。実施者へのインタビューでも「30 人は多様性を担保できると考えるのと、30 人というのは小学校の 1 クラスの人数としてイメージしやすい」という発言があった。小学校の 1 クラスを想像すると、顔の見えるコミュニティ、言い換えればメンバー間でラポールを構築しそれを共有できる規模だと言える。そして、その中で、5〜8 名程度のチームが形成される。1 チームを構成するこの人数は、意見交換や合意形成においてもグループダイナミクスが働きやすく、事業を実施する際にもフリーライダーがあまり出ない人数規模だと言えるだろう。

　もう一点、クロスセクターであるという点は重要である。同じ価値観を共有したもの同士よりも、異質なもの同士の方がクリエイティブな意見やイノベイティブな意見へと発展することは容易に想像できる。とりわけ、「渋谷 30」では、企業の占める割合が圧倒的に高い (20 社前後) という点が特徴的である。本プロジェクトの最終アウトプットは、チーム単位の事業提案と実施である。繰り返し強調されるのが、所属する組織から何が貢献できるか考えるという点である。場所、人的リソース、自社製品、情報ネットワーク等、提供されるものはさまざまだが、実際に事業を展開 (社会実験) する際に、メンバーで共有できる資源 (リソース) は、アイディアだけにとどまらず具現化する際に大きなサポートとなる。言い換えると、このような共有のリソースなしにはアイディア

どまりとなる可能性が高いとも言える。

④感情や思い(熱意)の共有

研修では、毎回始まり(チェックイン)と終わり(チェックアウト)に、サークル(全員の顔が見えるように円座になってすわり、全員が話す)が用いられる。毎回、テーマは若干変わるものの、基本的には「今の気持ち」「自分の思い」といった情緒面を話すことが求められる。チェックイン、チェックアウトを通して、参加者によって最も多く用いられた語が「楽しい」である。そして回を重ねるにつれ、「自分事になった」「自分たちの力で何とかしたい」といった主体性を示す表現が増えてくる。加えて、仲間ができた喜びや、ここで築いたネットワークを大切にしたいという関係性構築に関する肯定的なコメントも増えてくる。このような、思いの共有もアクションを生み出す要因となっているのではないだろうか。

⑤研修としての設え(関係性の構築の重要性、問いの設定の重要性)

本プロジェクトは、「研修」であるので、毎回講義も行われる。基本的には、研修を進める2名の講師からであるが、ゲスト講師からの講義(テーマとして、渋谷区基本構想、持続可能な発展、リーダーシップやプロジェクトマネージメント等)も組み込まれていた。ただし、講義はあくまでも話し合いや事業デザインの手助けという位置付けである。講義を通して強調されるのが、「関係性の構築の重要性」である。通常、プロジェクトは、ゴール(成果)を重視するが、本プロジェクトにおいて、それは氷山の一角にすぎず、重要なのはゴール(事業アイディア)を支えるネットワークであると繰り返される。

加えて、講義で繰り返し強調されるのが「問いを変える」ということである。参加者たちは、どのような問いかけにすれば、自分も関わろうと思ってもらえるのか、その問いを考えることでワクワクできるのかを常に考えなら、テーマ設定や事業案を構築していく。

研修、つまり学びの場という設えに着目したい。「渋谷30」では主として2名の講師が研修を進めるが、トップダウンではなく、参加者に寄り添うファシリテーター的な役割を担っている。筆者が参加者から「先生」と呼ばれていたのに対し、2名の講師は「先生」ではなく「○○さん」と呼ばれていた。この

ことからも、参加者と講師の関係性がフラットであることがわかる。加えて、鍵となるのが、研修という設えであるがゆえに、月に1回参加者が一堂に会して時間と場所を共有して話し合い実践を繰り返すことができるということである。参加者たちはそれぞれのチームで夜や週末に集まったり、オンラインやSNSを用いたりしてコミュニケーションをとっているが、この月1回の研修(話し合い実践)が彼らにとってもっとも重要で鍵となっていることは言うまでもない。

　もうひとつ強調されるのが、「渋谷30」での経験を、それぞれの職場に還元するということである。徹底した話し合い実践を通した関係性の構築、話し合い実践を通した課題発見、課題解決のための事業デザイン、事業のトライアル(社会実験)といった一連のプロセスを、参加者の所属先でも展開することが重要であることが繰り返し強調される。個人の能力育成のみならず、組織の変化(組織全体の能力のアップ)、それらを通した(地域)社会全体の変化(地域社会のガバナンスの向上)につなげることを目指した「個人のための研修」でありながらも、ボトムアップ型の活動であることがわかる。

　以上、現場のエスノグラフィーをベースに、コミュニケーションデザインの観点から、「渋谷30」の特徴を列挙した。定期的・継続的なフェイストゥフェイスの話し合い実践を通した、〈つなぎ・ひきだす〉関係性をベースにしたチームの形成、チームメンバー間に共通したゴールの設定があげられる。

　次節では参加者の発言に焦点を置いて分析する。参加者たちはどのように変化したのか、その変化から何を学んだと言えるのだろうか。

7-2-3　談話分析の観点からの考察

　本節では「渋谷30」で行われた話し合い談話の収録のうち、Day 1とDay 7の終わり(チェックアウト)の発言の比較を中心に、どのように変化したのかを考察する。Day 1、Day 7とも、研修の最後は、全員が円座になって顔の見える状態で、一人ひとことずつ話すサークルが用いられている。何れも、今日の感想について一人ひとことずつ発言するよう指示されている。

　発言にみられるアイデンティティ(自分自身や他の人をどのようにとらえているかについてで、発言例では(i)と表示)、挨拶表現((g)と表示)、参加者の

発言に共通してみられる表現 ((s) と表示) を軸に (その他は (o) と表示)、それぞれの回の特徴や Day 1 から Day 7 への変化について論じることとする。

①Day 1 の特徴

Day 1 のチェックアウトの所要時間は 15 分間であった。(1) から (4) は 4 名のチェックアウトでの発言 (省略なし) である[6]。

(1) (i)タムラです。(s)楽しい時間、過ごせました。すごい、(g)ありがとうございました。皆さんの熱い、いろんなアイデアだけじゃないんですよ、思いがすごくって、ここにいる人たちだけじゃないと思うんですけど、これなら何か面白いことできそうだなっていう、すごい力をもらえたので、インスピレーションをもらえたので、この先 (s)楽しみです。(g)よろしくお願いします。

(2) あらためまして、(i)ヤマダです。結構、僕、つらいんだろうなと思って、来たんですけど、気付いたら、結構、時間、早くたって、びっくりしてます [笑]。次回、(s)楽しみに。(g)ありがとうございます。

(3) (i)ヤスダです。今日は (g)ありがとうございました。最初の自己紹介で、普段、(s)渋谷ってあんまり接点がありませんって言っちゃったんですが、今日一日でちょっと取り戻した。もっと深めていきたいなと思ってます。また (g)よろしくお願いします。

(4) はい。(i)カシマです。(o)いろんなセッション、お伺いして、非常に勉強になりましたし、今日の出会いだけでももう今後の未来の展望まで開けた部分もありますけれども、またいろんな方々とセッションしながら、もっとより良く成長していきたいなと思います。

(1) から (4) の発言からもわかるように、各参加者からの発言は 20〜30 秒と「一言」という指示通り短く簡潔である。まず、アイデンティティに関わって、自身の名乗り方についてであるが、名乗った参加者のうち「○○ (苗字) です」が 14 名で、「△△ (所属) の○○ (苗字) です」(7 名) よりはるかに多かった。Day 1 の話し合いでは、まずは一般的なテーマから始めて終わりの方では参加者個人に関するテーマを考える設えとなっているが、そのような実践を通して、それぞれが△△ (所属先) のメンバーはなく、「個人」としてのアイデン

---

[6]発言中の氏名はすべて仮名である。

ティティが前面に出るようになったのかもしれない。

　続いて、挨拶表現についてであるが、「よろしくお願いします」が多用されている。これは、研修1回目ということで、初対面の参加者へのあいさつと考えられる。「ありがとうございます」も大多数の参加者にみられた。これは1日の研修を通した学びに対するお礼とみなすことができるだろう。

　参加者間で共通して多用されている表現が「楽しい」(楽しみ、楽しかった等の活用も含む)である点に着目したい。加えて「渋谷」という言葉も多くみられた。「渋谷」については、研修を受けるまでは「渋谷ってあんまり接点がありません」「渋谷って、仕事来るところと基本的に飲むところ以外は何かあんまり関係性が薄かった」けれども、研修を通して「接点を見出した」「これから関わりたい」という変化が発言にみられた。また、「いろんなセッションおうかがいして、非常に勉強になりました」「ディスカッションの仕方がいろいろあるんだなというのが一つ勉強になりました」という発言にみられるように、Day 1 の研修内容(話し合いの多様性)についての言及も多くみられた。

②Day 7 の特徴

　Day 7 のチェックアウト(サークル)の所要時間は、Day 1 の3倍以上の50分である。これは、各参加者の発言量が増えたことによる。(5) から (8) は4名のチェックアウトでの発言であるが、それぞれ長いため一部省略している。

　(5) (g)お疲れさまでした。(中略) (i)うちのチームは、すごい議論すると「なんか (s)渋谷って、もっと地域の人に力を使ったら盛り上がるよね」みたいな夢や目標があるんですけど、それで、(i)自分たちでどういう形で初めのアクションに落とせるんだということを考えると、もうちょっと詰めないといけないのかなとは思った。(後略)

　(6) (g)ご苦労さまでした。今日は、皆さんの発表を聞いて、すごい進んでいることに、(i)僕ら的には、「これは、(o)頑張らなければ」っていうのをすごく感じたのが、まず第一の印象で。特に、最後の落書きのチームと、働きたいチームなんかは、それぞれのプレーヤーの役割がめちゃくちゃ明確で、すごく力を生かしている感じがものすごく感じたので、そこは、(i)僕らも、もう一歩、踏み込んで、それぞれが何をやっていくのかとか、この役割、必要なやつ

は (聞き取り不明) やって、そういうところからちょっと詰めていきたいなと思いましたし、(i)自分自身も (o)よりコミットを深めていきたいと思いました。(g)ありがとうございます。

(7) (g)みなさんお疲れ様でした。(中略) なんか、リレーションじゃないですけど、(s)渋谷の30人もそうで、目に見えない氷山の一角の部分で、まずは (o)仲がいい関係性から、そこが本当に重要なのかなって。(中略) やっぱり、これだけの事業じゃなくて、次の、いろんな方々を巻き込みながら。実際に、今度、第4期が始まったら、今、(i)第1期の人が関わってくるわけじゃないですか。(後略)

(8) (g)お疲れさまです。(中略) そこからまた何か変化が生まれるかなと思っていて、それはそれ (s)楽しみかなと思ってます。あとは、(i)会社としてどう関わっていくかっていうのは、今回、まとめたものをいったん会社に持ち帰って、(i)うちの会社もそんな俊敏な会社じゃないので、話をしていく中でどう関わっていくことができるかっていうのは、真剣に議論していかなきゃいけないかなとは思っています。(後略)

　アイデンティティに関して Day 1 から大きな変化がみられる。個人の感想を述べるよう指示されていたのにもかかわらず、「うちのチーム」「僕たち」にみられるように、チームメンバーとしてのアイデンティティが顕著に表れている。自分自身のことを言う際には「個人的には」「自分自身としては」といった表現を用いて追加的に表明されている。加えて、「第一期の人」「一期生の人」「2期生のすずきさん」といった表現からは、「渋谷30の3期生」という大きなチームのメンバーとしてのアイデンティティの形成も読み取れる。さらにアイデンティティに関して、もう一点特徴的なのは、「うちの会社」「うちの商店街」「自分の団体としては」といったように、所属先に言及している点である。所属先に言及している箇所は、いずれも (8) にみられるように、所属している機関 (会社) とチームのプロジェクトの推進との関連性を見出そうとしている発言である (例「うちはファッションの会社なので、それをファッションに落とし込んでいきたい」)。

　メンバーシップの構築は、あいさつ表現の変化からも明らかである。Day 1 では、初対面同士の挨拶である「よろしくお願いします」が用いられていたの

に対し、Day 7では、ほぼ全員が参加者たちにむけて「お疲れ様でした」とあいさつしている。一例のみ「ご苦労様でした」もみられた。「お疲れ様」は同僚や仲間で用いられ、「ご苦労様でした」は通常目上には用いられない表現である。挨拶表現からも、渋谷30の3期生というチームメンバーのメンバーシップやフラットな関係性が読み取れる。

　発言の中で他の参加者について言及する表現についても着目したい。「○○さん」「○○くん」という呼び方に加えて「みっくん」といったニックネームも用いられている。参加者は30代、40代が中心ではあるが、20代から50代まで広い年齢層で構成される。年齢やセクターを超えたフラットな関係性が構築されていることがわかある。さらに、関係性を表す表現として、「大学のゼミみたい」「フォーマルな友人」「仲がいい関係性」といった表現からも心地よい関係性であることもわかる。

　Day 7で多用されている表現として特徴的なのが、自分ごととして関わっていきたいという意思表明をする直接的な表現である。「がんばります」「しっかりやっていきたい」「もっと頑張ろうと思いました」「どんどんチャレンジしていきたい」等、約半分の発言にみられた点は興味深い。そしてDay 7でも「楽しい」が多数の参加者の発言の中で用いられていた。

　Day 1とDay 7の特徴については表7.2のようにまとめられる。

　「渋谷30」を通した参加者の変化は次の3点にまとめられる。1点目として、個人からチームのメンバーとしての変化、2点目として参加者間の関係性の変化 (フラットな関係性の構築)、そして3点目として、地域や地域の社会課題に対する意識の変化 (地域や地域課題を自分事ととらえるようになった) である。これらの変化を研修を通した学び (学習) ととらえれば、チームワーク力や公共マインドが醸成された (学んだ) と言える。そして、変化 (学び) を支えているのが「渋谷30」での実践の肯定的評価 (楽しみながらわくわくしながら進めている) にある点にも留意したい。

7-3

〈うみだす〉エッセンスとは

　前節で「渋谷30」をエスノグラフィーと談話分析をベースに考察し、その特徴を提示した。本節では、これらの考察をベースに〈うみだす〉ためのエッセン

表 7.2　Day 1 と Day 7 のチェックアウトにおける発言の特徴

	Day 1	Day 7
所要時間	15 分	50 分 (各参加者の発言量が増えている)
自分自身のことをどのように名乗るか	「さとうです」(個人名で紹介)	「僕らは」「うちのチームは」「チームスクランブルでは」(個人の感想を述べるチェックアウトで、最初にチーム名で名乗る)「個人的には」「自分としては」(追加的に表明されている)
関係性に関する表現		「和気あいあいとした大学のゼミみたいな」「仲がいい関係性」「30 人の関係性のすごさ」「何かいいなこのチーム」(フラットな関係性、メンバーシップや連帯感の構築)
あいさつ	「よろしくお願いします」(初対面同士のあいさつによくみられる表現)	「お疲れ様でした」(渋谷 30 というチームのメンバーとしてとらえている)
多用される表現		「頑張りたい」「チャレンジしたい」「コミットを深めたい」(自分事とする直接的な意思表明の表現)
多用される表現	楽しい、面白い、わくわくする (ポジティブな評価表現)	

スについて考えよう。

〈うみだす〉ためには、LORC で提唱した〈つなぎ・ひきだす〉という個人の資質や関係性がベースとなっていることは明らかである。「渋谷 30」の目的はコレクティブインパクトであるが、これは同時に「研修」という学びの場でもある。学びがチーム、つまりコミュニティでの実践を通して行われているという点に着目する。

学びのコミュニティに関する包括的な概念として、Lave and Wenger [1991] が提唱した実践コミュニティがあげられる。実践コミュニティとは、もともとは、広い意味での学び (social learning) がどのように行われているかを探求するプロセスで発見された概念であり、以下のように定義される。

Communities of practice are groups of people who share a concern or a passion for something they do and learn how to do it better as they interact regularly. (あるテーマに関する関心や熱意を共有し、持続的定

期的な相互交流を通じて、それをどうよくしていくかを深めたり(学んだり)実践したりする人々の集まり)

(Wenger-Trayner & Wenger-Trayner [2015])

人々は実践(practice)を通してコミュニティを形成し、そのコミュニティの中で学んでいくと考えるのである。ここでいうコミュニティとは、地縁や血縁といった関係性ではなく、社会的な関係をもつ人々の集まりであり、参加を通してアイデンティティ(メンバーシップ)の生成に関係していくものだととらえられている(平出 [2015])。また、Wenger *et al.* [2002] は、実践コミュニティを「学び」の装置からさらに拡大してとらえ、ナレッジマネジメントや知識創造活動における、知識の創造・保持・更新の装置として位置付けた。

実践コミュニティにおいては、参加者同士の「意味の交渉(negotiation of meaning)」の過程を重要視する。この意味の交渉は、参加によるコンテクスト(文脈)の共有が重要で、たとえば議事録やマニュアルといった表面的な情報だけでは十分ではない。したがって、たとえばチームメンバー間でだけ使用する表現のような「暗黙的な要素」が理解できることがこのコミュニティのメンバーのしるしであると考えるのである。実践コミュニティ成立のためには、メンバー間で共有した目標、相互交流(メンバー間のコミュニケーション)に加えて、メンバー間の共通のリソースといった3つの要因が必要であるとされる(Agrifoglio [2015])。

前節で提示した「渋谷30」の特徴は、実践コミュニティの定義や成立要因に通ずる。定期的・継続的な話し合い実践、話し合い実践を通して形成したチームメンバー間の共通のテーマや目標は、実践コミュニティ成立に必須である。加えて、そのテーマに関する「関心や熱意を共有」するという定義にも着目したい。「渋谷30」では、チェックインやチェックアウトで思いや熱意もメンバーで共有されていた。そして、徹底したフェイストゥフェイスの話し合い実践が、参加者同士の意味交渉を促していたのである。つまり、実践コミュニティの形成を促進するようなコミュニケーションデザインであったと言える。

もう一点重要なのが、チームメンバーの「共通のリソース」である。アクションを〈うみだす〉トリガーとなったのは、参加者の所属組織の多様なリソー

ス (場所、技術、商品等) である。具体的な事業アイディアがあったとしても、熱意や想いだけでは実現不可能である。「渋谷30」では参加者の多くが (個人としてではなく) 企業からの参加である。この点も〈うみだす〉ための重要なエッセンスであると考える。

続いて、個人の資質のレベルで、〈うみだす〉エッセンスを考えてみよう。LORC のこれまでの研究では、〈つなぎ・ひきだす〉能力とは「多様な人々で構成される社会で、課題解決のために、多様な主体間で連携やネットワーク (つながり) をもって活動すること」や「そのための対話や議論」の重要性に共感できる力 (素養) であると考えた (土山・村田 [2011] p.16)。「渋谷30」は、この〈つなぎ・ひきだす〉力の育成につながる研修であり、これが〈うみだす〉素養となっている。一方、これに加えて「渋谷30」を通して参加者の変化で顕著だったのが、地域や地域課題を自分事にする (課題に取り組むことにがんばりたい) という態度の変化である。メンバー間での話し合い実践のみならず、「渋谷30」では当該課題に関わるステークホルダーも交えたセッション (話し合い実践) を参加者自身が企画し実施している。参加者への聞き取りで、参加者自身が変わったと感じたフェーズとして多く挙げられていたのがこの「オープンセッション」である。テーマに関わる当事者とのフェイストゥフェイスのコミュニケーションが、参加者の当事者意識を高め、次のステップ (アクション) への原動力となったのではないかと考える。〈つなぎ・ひきだす〉に加えて、自分ごとにしたいという思い (態度の涵養) が〈うみだす〉エッセンスであると考えられる。

最後に、〈うみだす〉を支えるのは、それが「楽しいこと」「わくわくすること」だと参加者が考えられるような場づくりである点も指摘したい。

7-4 おわりに

LORC 第4期では、「話し合い学」の構築を目標のひとつとして掲げていた。社会課題をめぐる話し合いを研究するためには、ミクロレベル (話し合いの参加者の発言にターゲットを絞った研究)、メゾレベル (話し合いの現場の研究)、マクロレベル (話し合いを埋め込む制度や社会システムの研究) から複合的に話

し合いをとらえ、その研究の総体が「話し合い学」であるという結論に至った (村田 2018)。

本章ではこのフレームワークに沿って、〈うみだす〉話し合いのエッセンスについて、「渋谷30」を実践例として、話し合いの場のエスノグラフィー (メゾ)、および参加者の発言の変化 (ミクロ) から考察した。メゾレベルの考察からは、実践コミュニティの形成を促すようなコミュニケーションデザインが、〈うみだす〉話し合いにつながる要因となっている点を指摘した。加えて、参加者間で共有できるリソース (人、場所、技術、商品等) が〈うみだす〉にとって非常に重要であることも指摘した。そして、ミクロレベルの考察からは、〈つなぎ・ひきだす〉素養をベースとして、課題を自分ごとにしてがんばりたいという思い (態度) が、〈うみだす〉につながるという点を指摘した。

最後に、本章で議論した〈うみだす〉コミュニケーションや、フェイストゥフェイスの話し合い実践によって醸成された能力 (資質) についてマクロレベルからの考察もまじえながら、本書のテーマである包摂的発展 (詳細は序章) や、これからの社会で求められる汎用的能力 (詳細は第4章) との関連性から論じることにする。

序章で論じられているように、LORC の研究で目指してきたのは、持続可能な地域社会のあり方の探求とその実現であった。そしてこれからの持続可能な地域社会につながる新しいアプローチないしは指針として包摂的発展を提示した。包摂的発展は、持続可能な発展の中でも特に社会的な側面に着目した概念であるが、LORC のこれまでの研究において、社会的持続性を議論する上での共通要素として、人類の基本ニーズの確保とそのプロセスにおける公平性、社会的包摂や市民参加、パートナーシップといった概念、さらにそこから進んで市民社会の意思によって地域運営が適切にコントロールされる「エンパワメント」の実現といったものを抽出していった (的場 [2012])。望むべき持続可能な地域社会のためには、多様な構成員が、社会共通の問題を話し合い、より有効な解決方法を探るプロセス、言い換えればローカルガバナンスが重要である点を指摘したのである。そして、社会的包摂の実践につながる地域の包容力を高めていくためには、地域の多様な主体 (自治体、NPO、地域住民等) が柔軟かつ創造的に連携することや地域社会の担い手を継続的に確保していくこと等

が重要であると考えた (阿部・的場 [2013])。とりわけ、関与するアクターがビジョンを共有し、地域社会に貢献する意識をもつことが必要であり、言い換えればそれは、地域社会の中で「公共マインド」をいかに涵養するか、アクティブシティズンをどのように育成していくかということでもある (的場・白石・阿部 [2017])。

　本章でとりあげた「渋谷 30」は、市民参加、マルチパートナーシップ、エンパワメントにつながる取り組みである。地域の多様な主体を巻き込んだ知識創造活動を通したコレクティブインパクトの実践例である。その中心的テーマを渋谷区の基本構想のビジョン「ちがいを　ちからに　変える街。渋谷区」の具現化に置き、参加者には社会的マイノリティに取り組む団体の方々もおられ、社会の持続可能性についての講義も盛り込んでいる。取り組みとしては大規模であるとは言えないが、毎年 30 名が参加しこれを継続的に繰り返すことで、参加者間のネットワークが広がり、地域にインパクトを与えたいという目的をもって実施されている。ボトムアップ型の取り組みとして今後どのように渋谷という地域にインパクトを与えていくのか期待したいところである。加えて、「渋谷 30」というコレクティブインパクトの「かたち」は、他の地域でも同様の効果があるのか、あるいは効果をあげるための地域の環境は何かについても今後検討される必要がある。とりわけ、LORC が一貫して重要視してきた「話し合いの実践」によるコレクティブインパクトの実施を通して地域の包容力を高めていくためには、話し合いをデザインする際に、「渋谷 30」のように、多様性を担保できるような参加者の構成や、持続可能な発展を意識したテーマ設定等を意識的に盛り込む必要があろう。

　「渋谷 30」は公共マインドを涵養する人材育成プログラムとしても、成功事例であると言えるだろう。単に話し合いを繰り返すのではなく、実践コミュニティの形成につながるようにデザインした話し合い実践によって、〈つなぎ・ひきだす〉能力だけではなく、地域課題を自分事にするという公共マインドの涵養が行われた。何れも LORC が提起するソーシャルスキルに通じ、素養や態度ではあるが、本章の実証的研究から「学ぶ」(身につける) ことができると言える。これらは、講義のような一方向の知識や技術伝達による学びではなく、学びのコミュニティの中で実践を通して身につくのである。とりわけ、「公共マ

インド (課題を自分事に考える)」の態度や素養の涵養には、村田ほか [2018] で
も指摘されているように、フェイストゥフェイスの話し合い実践や地域課題に
関わる人々との対話が重要な役割を担う。

〈つなぎ・ひきだし・うみだす〉素養や態度は、包摂的発展との関連で考える
これからの社会で求められる汎用的能力に含まれる。これらは、個人の「人生
の成功」にのみ通ずる能力ではなく、民主的プロセスや連帯・社会的結束の実
現を含んだ「正常に機能する社会」といった個人と社会の双方に利益をもたら
すととらえることができる。そしてこれらの能力は、個人と文脈 (コンテクス
ト)、環境との相互作用において発現するものとして捉え、学びのコミュニティ
の中での「実践」を通して身につけられるのである。

本章で考察した「渋谷30」はノンフォーマル教育の一例でもある[7]。クロ
スセクターの話し合い実践を通した地域の課題解決のプロセスが、同時に実践
を通した学びの場となっている点に着目したい。多様なひとびとに地域に関わ
る機会を創出するという点からも、このようなノンフォーマル教育による生涯
学習は今後ますます求められるであろう。地域変革のインフラとしての大学の
役割のひとつとして、教育 (人材育成) を通した地域変革があげられる (白石
[2014])。これまで京都で進めてきたフォーマル教育における地域連携型学習プ
ログラム (Community Based Learning) 開発・実施の蓄積を、生涯学習にお
けるノンフォーマル教育でも展開することが地域の包容力を高めるためのひと
つの手立てとなりうるのではないだろうか。

(謝辞)
調査を快く受け入れてくださった、株式会社フューチャーセッションズの野
村恭彦、加生健太朗氏、2018 年度「渋谷をつなげる 30 人」参加者のみなさ
まに心より感謝申し上げます。

---

[7] 日本生涯教育学会『生涯学習研究 e 事典』によると、フォーマル教育は「高度に制度化
され、年齢によって構造化され、階層的に構成された、小学校から大学に至るまでの教育。
実際には学校における教育」を指す。ノンフォーマル教育は「学校教育 (フォーマルエデュ
ケーション) の枠組みの外で、特定の集団に対して一定の様式の学習を用意する、組織化さ
れ、体系化された (この点でインフォーマルエデュケーションと区別される) 教育活動」を指
す。http://ejiten.javea.or.jp/content49dc.html。

■参考文献

阿部大輔・的場信敬 [2013]、『地域の包容力と社会的持続性』、日本経済評論社。

白石克孝 [2014]、「地域社会変革インフラとしての大学」、白石克孝・石田徹 (編)『持続可能な地域実現と大学の役割』、日本評論社、pp.2–17。

白石克孝・新川達郎 (編)[2008]、『参加と協働の地域公共政策開発システム』、日本評論社。

白石克孝・新川達郎・斎藤文彦 (編)[2011]、『持続可能な地域実現と地域公共人材 —— 日本における新しい地平』、日本評論社。

土山希美枝・村田和代 [2011]、「第2章 地域公共人材の育成」、白石克孝・新川達郎・斎藤文彦 (共編著)『持続可能な地域実現と地域公共人材 —— 日本における新しい地平』、日本評論社、pp.14–49。

土山希美枝・村田和代・深尾昌峰 [2011]、『対話と議論で〈つなぎ・ひきだす〉ファシリテート育成ハンドブック』、公人の友社。

平出美栄子 [2015]、「実践コミュニティ概念の検討 —— 経営・マーケティングへの適用のために」、『経済科学論究』第12号、2015、pp.53–65。

的場信敬 [2012]、「社会的持続性のための地域再生政策 —— コミュニティ・エンパワメントを志向するコミュニティーズ・ファースト事業の分析」、龍谷政策学会論集、2(1) 21–33。

的場信敬・白石克孝・阿部大輔 [2017]、「地域レジリエンスを高める」、白石克孝・的場信敬・阿部大輔 (編)、『連携アプローチによるローカルガバナンス —— 地域レジリエンス論の構築に向けて』、日本評論社、pp.238–253。

村田和代 [2014]、「まちづくりへの市民参加と話し合い」、『日本語学』33(11): pp.32–43、 明治書院。

村田和代 [2017]、『市民参加の話し合いを考える (シリーズ 話し合い学をつくる 1)』、ひつじ書房。

村田和代 [2018]、『話し合い研究の多様性を考える (シリーズ 話し合い学をつくる 2)』、ひつじ書房。

村田和代・井関崇博 [2014]、「〈みんなではじめる〉ためのコミュニケーション・デザイン —— 〈つなぎ・ひきだす〉からの展開」、白石克孝・石田 徹 (編)、『人口減少時代における持続可能な地域実現と大学の役割』、日本評論社、pp.167–185。

村田和代・久保友美・清水万由子・大石尚子 [2018]、「コミュニティ・ベースド・ラーニングとしての京丹後プロジェクトの評価 —— 「聞き書き」活動をふりかえって」、LORC ジャーナル『地域協働』12号、pp.15–22。

Agrifoglio, R. [2015], *Knowledge preservation through community of practice: theoretical issues and empirical Evidence*, Springer Nature.

Kania, J, and Kramer, M. [2011], "Collective Impact." *Stanford Social Innova-*

tion Review 9, no. 1: 36-41.

Lave, J. and Wenger, E. [1991], *Situated cognition: legitimate peripheral participation*, Cambridge University Press, (佐伯胖 (訳)：状況に埋め込まれた学習 —— 正統的周辺参加、産業図書、1993 年).

Wenger, E. [1998], *Communities of practice: learning, meaning, and identity*, Cambridge: Cambridge University Press.

Wenger. E., McDermott, R. and Snyder, W. M. [2002], *Cultivating communities of practice: a guide to managing knowledge*, Harvard Business School Press, (『コミュニティ・オブ・プラクティス —— ナレッジ社会の新たな知識形態の実践』、櫻井祐子・野中郁次郎 (訳)、野村恭彦 (監訳)、翔泳社 (2002)).

Wenger, Etienne [1998], *Communities of practice: learning, meaning, and identity*, Cambridge university press.

Wenger-Trayner, E. & Wenger-Trayner, B. [2015], "Communities of practice: A brief introduction",
http://wenger-trayner.com/introduction-to-communities-of-practice/.

(村田和代)

終章

包摂的発展という選択

---

1 人口減少・脱工業化社会と包摂的発展

1-1 「場の移動」と社会的包摂

　地域公共人材・政策開発リサーチセンター (以下、LORC と表記) では、一貫して持続可能な社会をローカルレベルから構築すべく、それを支えるローカルガバナンスの像を示すべく、理論的あるいは実践的な研究を積み重ねてきた。本書を編むにあたり、LORC として包摂的発展という概念を提示するにいたった経緯と意義については、序章あるいは第2章の冒頭で述べている。私たちは持続可能な社会を環境・経済・社会の3側面での統合的アプローチの立場で捉えてきた。その中でもとりわけ社会の側面に力点をおいた議論をすることで、社会的持続性から社会的包摂そして包摂的発展へといった理論の展開をしてきた。本章では、日本が直面する現代的な状況をふまえて、包摂的発展を提示することの意味を示すことで、全体の議論のまとめとしたい。その叙述にあたっては、包摂的発展を LORC で論じようとした最初の時期に、共同研究者のひとりである矢作弘氏 (前龍谷大学教授、現 LORC 研究フェロー) が提示したメモ書きを一部掲載して、矢作弘氏に筆者がレスポンスする形式で論点を辿っていくことにする。なお、一部改編を含むため、用語とアイディアは矢作弘氏のものであるが、文責は筆者にあることをお断りしたい。

　包摂的発展という語を用いることでまず強調したかったのは、社会的に排除され疎外された人々の目線に立って、いかに社会へと包摂していくかという視

1 人口減少・脱工業化社会と包摂的発展   175

点の重要性であった。

(矢作弘氏のメモ)

社会的包摂は「場の移動」のない、したがって〈違い〉との新しい出会いの
ない「空間」では、それが問われる機会がない。「場の移動」ゆえに、〈違
い〉との出会いがはじまる。新たな出会いの「空間」では、文化的、社会
的な衝突がおきる。国境を越える「場の移動」では、民族的、人種的な軋
轢が生まれる。さらにそうした「空間」では、しばしば排除がおきる。そ
の時、「社会的包摂」「包摂的発展」が提起される。

職業選択と移動の自由が定着する近現代社会において、「場の移動」は特徴
的な人々の行動になる。経済的、社会的な上昇志向と「場の移動」とが結びつ
くのは近代社会一般に共通している。

(矢作弘氏のメモ)

なぜ、我々は「場の移動」をするのか。それは、単に空間の移動に止まら
ず、しばしば上昇志向と結び付き、経済的、社会的な立ち位置を引き上げ
るためである。

典型的には「アメリカの夢」がある (斎藤真『アメリカ史の文脈』1981
年)。アメリカは移民社会である。祖国を捨ててアメリカに移住する。そ
れは、今も昔も「成功の夢」を追ってである。19世紀までの「西進運動」
は、開拓地でいっぱしの成功者になるためであった。20世紀になっておき
た郊外化は、19世紀末に消滅したフロンティアを、今度は郊外がそれを代
替し、郊外に〈芝の庭付き戸建て住宅〉を建てる暮らしが「アメリカの夢」
を実現する「場の移動」先になったのである。

戦後の日本でも〈田舎から近隣の都会へ〉、〈近隣の都会から大都会へ〉の
「場の移動」は、「一旗揚げて里帰りする日」を夢見てのことであった。か
つての中卒の集団就職、そして高度成長期以降の田舎から出てきて東京
の大学に通い東京で就活する ── そのいずれも、上記の両義的な意味での
「場の移動」である。

元々のいた場所からの移動ともに、社会階層の移動を目指したという点に、「場の移動」の2つの意味がある。20世紀末からグローバル化と情報化の時代の到来によって、「場の移動」はこれまでにない規模で展開するようになった。それは同時に、経済的、社会的な上昇志向と「場の移動」との結びつきの変質をもたらすものであった。かつての途上国に工業生産の現場が移行し、アメリカや日本の経済構造はいわゆる中産層を育むことが困難なものとなり、その結果として「夢」を実現する「場の移動」が当たり前のものとは映らなくなる。「場の移動」が本来的にともなっていた衝突や軋轢が、排除として意識される。社会的包摂が問題になることになった。

1-2　人口減少と社会的包摂

LORCでは、本書に先立って、パルグレイブ・マクミラン社から *Depopulation, Deindustrialisation & Disasters* と題した書籍 (Shiraishi, K & Matoba, N (eds.) [2019]) を刊行した。ここでは、日本が直面する諸課題に通底する3つの要素である、Depopulation (人口減少)、Deindustrialisation (脱工業化)、そして Disasters (災害) の3つの 'D' に対して、地域の持続可能性をどのように構築していくのかを論じている。その序 (Preface) で私が紹介しているように、少子高齢化による人口減少による変化は、日本だけでなく少なくない先進工業諸国において、共通して発生している現象である。グローバリゼーションと新興工業諸国の勃興により、先進工業諸国の製造業は海外移転や廃業を余儀なくされる。脱工業化への圧力は先進工業諸国に共通する現象である。

人口減少と脱工業化は、日本全体に現れている現象であるが、その影響は非大都市圏においてより深刻に現れている。人口減少と脱工業化は、「場の移動」と社会的包摂という論点とも関わる事象であるので、日本の現状とそれに対する見方について紙幅を割きたい。

今では誰もが認知しているように、日本の人口は、1950年代以降は年々増加し、1967年には初めて1億人を超えたが、2008年の1億2808万人をピークに減少に転じた。国立社会保障・人口問題研究所の推計によると、日本の人口は、2050年には1億人を割り込むことが予測されている。人口構成も変化し、14歳以下の年少人口は毎年減少する一方、65歳以上の高齢人口は増加が続き、

少子高齢化が加速している。65 歳以上の高齢人口は 2017 年には全人口に占める割合は 27.7% へと増加している。

　歴代の日本政府は、海外から移民や難民を受け入れない政策を取り、現在でも永住ビザの取得や帰化による日本国籍の取得は難しい。前述した国立社会保障・人口問題研究所の人口推計においても、日本の人口は先進工業諸国の中で最も低い国際人口移動率を見込んで計算されている。

　2018 年 1 月 1 日時点の総務省の人口調査では、日本で暮らす外国人は過去最高の 249 万 7656 人となり、現在の外国人の在留管理制度になって最大を記録している。若年労働力の不足があり、日本政府は海外からの労働者の条件付き受け入れを進めている。この度の制度改正の実施で、労働力としての外国人の受け入れは今後さらに拡大することになるであろう。

　一方でインバウンド観光や交流人口の急速な増大は歓迎するが、他方で移民を拒絶する政策に直接の異論は出されていない。国際人口移動が総人口の減少をカバーするシナリオは提示されていない。

　大都市圏とりわけ首都圏への人口集中は顕著である。首都圏に日本の人口の 3 割が集中 (約 3643 万人) している。非大都市圏では 15 歳から 29 歳の若者人口が減少し続けているのに対して、首都圏では若者人口の転入超過が続いている。

　そのような状況下で、多くの自治体では、人口を呼び戻す政策を実施している。日本の伝統的な地域コミュニティは、血縁的紐帯と封建制以来の地縁的紐帯に基礎をおいてきた。その結果として、少なくない地域コミュニティは、新たに外から移入してくる人々との交流が得意ではないことが多い。地方に人口を呼び戻す政策は、当該地域に血縁や地縁のなかったものも対象になるし、場合によっては、外国人も対象になり得る。

　日本においては人口減少が社会の趨勢になると、逆説的になるが、包摂的発展論を概念的にも実践的にも考察する意義が増大することを意味している。本書の第 4 章、第 5 章、第 6 章で論じているように、大学が地域コミュニティの変革の一翼を担う可能性も様々に論じられるようになっている。見方を変えれば、閉鎖的な地域コミュニティを開放的に変革する機会は広がっているともいえる。矢作弘氏のメモ書きでは、このあたりの事情を活き活きした表現で記し

ている。

(矢作弘氏のメモ)

「場の移動」が〈田舎から大都会へ〉という時代には、おそらく「社会的包摂」などということが問われることはなかった。そもそも移動の主体が若かったし、「青雲の志」を懐き意気揚々の移動であった。彼等には「包摂される」ことの期待などなかった。むしろ、束縛の強い田舎を離れ、匿名性の高い都会の暮らしに対する憧れがあったはずである。「隣はなにする人ぞ」の、アパートの独り暮らしに痛痒を感じることはなかったのである。

ところが最近は「場の移動」が変容し、〈都会から田舎へ〉ベクトルが反転している。Uターンの場合は問題にならないが、Iターン／Jターンをめぐっては「社会的包摂」「包摂的発展」が問われる。しかし、この場合の「包摂」は、必ずしも〈弱者 vs. 強者〉という関係にはならない。田舎で待ち受けている「包摂する側」は、経済的、社会的に疲弊しているし、そこに暮らす人間は高齢者である。それに対して田舎コミュニティに新たに「包摂される側」は、若年層や働き盛りの熟年世代である。あるいは退職後に、第二の人生を楽しむために田舎移住する裕福な高齢世代である。そこでは、「ローマではローマ人のように振る舞え」という力関係性は成立しない。

1-3　脱工業化と社会的包摂

日本の国内総生産 (GDP) は、2010 年に中国に抜かれるまで、1968 年から42 年間にわたって世界第 2 位のポジションを維持し続けた。長期間にわたり工業化が進んだ結果、歴史的には農林漁業が中心であった地域も含めて、全国各地に工場立地が進んだ。したがって、脱工業化の影響は、大都市圏にとどまらず、日本の各地に直接的な影響を与えている。

中小企業庁が発行している『中小企業白書』2017 年版には興味深いデータ分析が載せられている。企業の休廃業・解散件数、倒産件数の推移に関するデータである。倒産件数はいわゆるリーマンショックの 2008 年をピークに減少傾向にある。逆に休廃業・解散件数は増加傾向にあり、最新データ年の 2016 年

の休廃業・解散件数は過去最高である。2000年に比して2倍近い休廃業・解散件数になっている。休廃業前の利益率が0%以上、つまり黒字状態で廃業した企業の割合は50.5%──半数をこえる企業が廃業前に黒字であったことを示している。

『中小企業白書』2017年版はこうしたマクロ的視点での分析に加えて、ミクロ的視点での分析も行っている。同白書によれば、黒字廃業企業の多くは規模の小さな企業から構成されており、個人事業者の割合も高い。そして休廃業・解散企業の経営者年齢は約70%が60歳以上である。

こうした結果から類推できるのは、休廃業・解散件数の増加要因として、経営環境の悪化より、経営者の高齢化と後継者の不在が問題になっていることである。計画的な事業継承を進めることができていないのは、個人経営や家族経営に依存しやすい小零細規模の事業者に顕著である。小零細規模の企業には同族企業が多く、それらの企業は後継者についても血縁者から求める傾向があり、小零細企業間でのM&Aは低調である。

これに加えて、若者世代をめぐる求人倍率の高さ、人手不足感は、非大都市圏の小零細規模の企業さらには中規模の企業において、これもまた事業継続に深刻に影響を与えている。海外からの労働者を求める動きはこうした事態にも後押しされている。

戦後の日本の企業カルチャーでは、終身雇用型の雇用慣行と合わせて、企業コミュニティへの忠誠心を求めることが特色であった。この点では、地域コミュニティと同様で、異質者を嫌う閉鎖的な性向を有していたといえる。雇用環境の変化と、若い世代のライフスタイルの変化によって、企業への定着そのものが雇用の課題となっている現状では、かつてのような企業コミュティへの忠誠心に依拠した経営では厳しい。海外からの労働者についてもどの様に受け入れていくのかが問われている。

企業の経営のスタイル、あるいは労働のスタイルを変える必要があることは、企業活動の、とりわけ国内経済やローカル経済に影響の大きい中小零細企業の、企業カルチャー(風土)に改革を迫る機会と捉えることができないだろうか。

地域コミュニティに対してだけでなく、企業の風土に対しても、多世代・多

文化の交流と共生を希求し、包摂性の高い社会を構築することが、持続可能な社会をローカルレベルから構築するにはというLORCの当初からの問いにつながると考える。

　繰り返すが、元々のいた場所からの移動ともに、社会階層の移動を目指したという点に、「場の移動」の2つの意味がある。したがって就業というのは、その2つの「場の移動」の意味をつなぐ出来事となる。就業のあり方が大きく変わる事態は、「場の移動」の意味を大きく変えることにつながる。

　「場の移動」ゆえに、〈違い〉との出会いがはじまる。新たな出会いが軋轢を生み、文化的、社会的な衝突が起こり得る。地域コミュニティあるいは企業コミュニティの現状を見るとき、外部に閉ざされがちなコミュニティを開放型コミュニティとして再構築する道筋を考えようとする意味は、単に人口や雇用の確保にとどまらない、あらたな社会像の手がかりを示すものになるのではないだろうか。

2

包摂的発展という選択

2-1　包摂する側と包摂される側

　LORCの議論の過程では、包摂的発展という立論にあたっては、包摂する側と包摂される側という側面がどう扱われるのかが問題になるという論点が出された。「場の移動」による新たな出会いから、社会が成長し発展するダイナミズムが導き出されることが、包摂的発展の社会的な意味である。しかしながら現実にはそこに「壁」が立ちはだかることがある。「壁」を作ることの対局こそが包摂である。

(矢作弘氏のメモ)

排除する側は、〈違い〉の「場の移動」を拒むために「壁」をつくる。それは物理的、建築的な壁をつくる場合もあるが、可視的な壁とは限らず、制度的な「壁」、あるいは人間の心の内に感情の「壁」をつくる。米墨国境には有刺鉄線やコンクリート製の壁が延々と造られている。しかし、不法移民は梯子を掛けて壁を越えるし、物理的に壁を壊しても越境する。越境

した移民はもう1つの厄介な「壁」、社会の、すなわち制度の「壁」を超えなければならない。また、さらに人々の内なる心の「壁」を超えなければならない。壁越えは命がけだが、「壁」超えも越境先のコミュニティにどのように受け入れられるかに深く関わっている。漂着の地で人間らしい暮らし (=「アメリカの夢」) を実現するためには、きっと超えなければならない「壁」である。

問われなければならないのは、「包摂する側」と「包摂される側」の論理、あるいは事情である。包摂の関係性は直ちに〈弱者 vs. 強者〉の対峙を連想するが、その際、「包摂する側」の論理が家父長的な思惟であってはならないと思う。半面、「包摂される側」は「包摂される」こと、すなわち「呑み込まれる」ことを必ずしも希望しない。

社会的包摂の過程では、数による決着ではなく、熟議による合意が期待される。民主主義論において、多数決などの集積型民主主義 (aggregative democracy) とは異なる原理として、熟議民主主義 (deliberative democracy) が提起されている。熟議民主主義においては、熟議の過程での参加者の成長によって、深刻な価値対立を調停しようとする。合意が不可能な場合には、相互尊重を重視する関係性をつくろうとする。

グローバル化のもとで人口減少と脱工業化に直面する日本社会において、これまでは課題として意識されてこなかった、熟議や相互尊重が現実の課題として浮かび上がってくる。

(矢作弘氏のメモ)

グローバル化とはなにか。国境がなくなることではなく、それまで税関や入管 (空港や港) にあった国境が、今度は日々の暮らし (あなたのすぐ隣) までやって来ることである。

また、田園回帰とはなにか。田舎の暮らしでは、時に闖入者はいても (この場合は「包摂」は問題にならない)、これまでは新参者が一団となって移住して来るというようなことはなかった。したがって地の人々が「包摂」を問われる状況に出会うことはなかった。しかし、今度は方言を理解せず、村祭にも無知な来住者と日々の共生がはじまる。

LORCが包摂的発展という概念を通して投げかけようとしている問いは、もはや高邁な理想論の話ではなく、私たちが身近なところで選択を迫られられている問いである。包摂する側と包摂される側という論点は、現実政治のもとでの物理的な「壁」や制度的な「壁」とともに、私たちのそれぞれの中にある内なる心の「壁」が問われている事を示している。

(矢作弘氏のメモ)

「包摂する『私』」「包摂される『私』」── 換言すれば「私」の「壁」の高さが、〈違い〉との日常的な出会いを通し、都度、皮膚感覚を含めて問われることになる。我々は、そこで露呈される「私」の「壁」を、直視する覚悟を持たなければならない。

包摂的発展は、政治や社会による選択に拠っているだけでなく、個々人の選択に拠っているものである。私たちが包摂的発展を提示する際には、序章で述べたような理論的な立論と同時に、主体的な思惟や感性の直視を議論していたことを伝えたいと思う。

2-2　本書のむすび

終章では、包摂という場合に、もっぱら「場の移動」による〈違い〉との出会いについて議論してきた。包摂的発展という言葉が含む社会的包摂には、いうまでもなく様々な「排除」「疎外」に対しての包摂を含んでいる。そうした視点と具体的な政策分析と地域実装への政策デザインについては、第1章、第2章、第3章、そして第7章が本書での成果である。

序章で紹介しているように、包摂的発展は包摂的成長から触発された言葉である。そこでは、経済「発展」の概念を経済「成長」を対比し、後者が物質的な豊かさを量的に把握する概念であるのに対して前者は健康や知識、環境など人間生活の質的側面にも焦点を当てた概念であることあきらかにした。その上で、経済「発展」の概念を組み入れた包摂的発展という論を展開した。

環境・経済・社会というトリプルボトムラインの観点からの統合的アプローチを基本的な視点として、LORCはこれまで研究を続けてきた結果、環境や社会の持続性については成果をあげてきた。しかしながら、「発展なき成長」

とでも評したら良いと思われる、現在の日本の経済論を転換し、新たな経済像とそのための政策について提示することは、LORC の研究書 (Shiraishi, K & Matoba, N (eds.) [2019]) で多少なりとも実現できたが、より本格的にはこれからの研究で深めなくてはならない。LORC の大きな研究課題がここに残されていることを記して本書をとじることにする。

■参考文献

Shiraishi, K & Matoba, N (eds.) [2019], *Depopulation, Deindustrialisation & Disasters: Building Sustainable Communities in Japan*, Cham SWITZERLAND, Palgrave Macmillan, 2019.

(白石克孝)

索引

欧文など

Community Based Learning 139

DeSeCo 101

ESG 投資 72

EU 91

High Vacancy Zone (HV ゾーン) 57

PBL (Project Based Learning) 120

RecoveryPark 58

UPP 20

URBACT 21–23

URBAN 20

あ行

アーティスト・イン・レジデンス 42

アート・プロジェクト 42

アーバン・ビレッジ 20

アイデンティティ 164

空き家 17

空家等対策の推進に関する特別措置法 24

アクティブラーニング 113

アクティベーション 93

新しい社会的リスク 90

新しい能力 88, 98

アマルティア・セン 8, 95

アムステルダム条約 22

移行的 (架橋的) 労働市場 96

維持される成長 51

イノベーション 155

ウルリヒ・ベック 89

エンパワーメント 22

欧州 2020 6, 9, 95

オープンカフェ 35

オールボー憲章 21

か行

鹿児島 40

亀岡カーボンマイナスプロジェクト 3

環境と開発に関する世界委員会 2

キー・コンピテンシー 88, 101, 102

聞き書き 142

基礎的・汎用的能力 87, 99–101

キャリア教育 99, 100

協働型社会 1

京都市 33

グリーンハウス 61

グローバリゼーション 89

クロスセクター 159

経済成長 7

経済発展 7

コア・カリキュラム 121

公共マインド 170

国連開発計画 (UNDP) 7

国連人間環境会議 2

個人化 90

コミュニケーション能力 106, 110–112, 114

コミュニティデザイン 42

コミュ力 111

コレクティブインパクト　155
コンパクト・シティ　20

さ行

サステイナビリティ　21
サステイナブル・コミュニティ　22
サステイナブル・シティ　4
サラゴサ　39
ジェネリック・スキル　87, 129
ジェントリフィケーション　23, 27, 55
持続可能な開発 (発展)　2
持続可能な開発目標 (SDGs)　8, 51
持続可能な社会　1
持続可能な発展　19, 49
実践コミュニティ　112, 148, 166
シビルミニマム　26
渋谷をつなげる30人　155
シャー財団　59
社会関係資本　112
社会人基礎力　87
社会的結束・包摂　21
社会的持続性　4, 5, 50
社会的投資　70, 92
社会的排除　10, 25, 90, 91
社会的包摂　6, 20–22, 50, 88, 90–92
「社会民主主義」アプローチ　94
柔軟な専門性　131
熟議民主主義　181
職業関連性　121
職業教育　99, 100
職業的レリバンス　121
所得再分配　91
ジョブ型雇用　98
人口減少　176
人材育成プログラム　170
新自由主義　93

人的資本　94
水都大阪　37
生活コミュニティ　138
生産コミュニティ　138
セーフティネット　25
積極的社会政策　92
積極的包摂　11, 97
積極的労働市場政策　92
ソーシャル・スキル　87, 109, 119
ソーシャルインパクトボンド (SIB)　75
ソフトアーバニズム　41

た行

第2の近代　88
「第3の道」アプローチ　94
台北　38
タクティカル・アーバニズム　30
脱工業化　89, 178
誰も置き去りにしない (No One Left Be-
　hind)　63
談話分析　161
地域空間の包容力　5
地域公共人材　86, 106, 152
地域公共政策士　86, 107
地域貢献型再生可能エネルギー事業　3
地域連携型学習プログラム　171
地球の未来を守るために　2
中央教育審議会 (中教審)　87, 99, 100
〈つなぎ・ひきだす〉　107, 152
強い持続可能性　49
ディープ・アクティブラーニング　113
デトロイト・フューチャー・シティ(DFC)　56
デトロイト・ワークス・プロジェクト (DWP)
　56
デトロイト市　50
道路空間の再配分　33

都市・地域政策　12
都市アジェンダに向けて　25
都市環境緑書　20
都市計画道路　39
都市再生運動　19
都市農園　61
都市農業　59
トリプル・ボトム・ライン　3, 6

な行
ニュー・アーバニズム　20
ニューヨーク　33
人間開発指数　8
ネイバーフッド　58
ノンフォーマル教育　171

は行
パークレット　36
媒介的労働市場　96
話し合い　152
バルセロナ　38, 40
汎用的スキル　87
汎用的能力　144
貧困　91
ファシリテーション　156
フォーマル教育　171
福祉・雇用政策　12

ブリストル協定　22
古い社会的リスク　92
プレイスメイキング　31
ベーシックインカム　93
包摂的成長　6, 9, 95
包摂的発展　25, 50, 87, 95, 118, 182
ポスト近代　88
ポスト福祉国家　92

ま行
マスターコンセプト　29
マスタープラン　26, 61
松下佳代　88, 103
マルチパートナーシップ　1
ミレニアム開発目標 (MDGs)　8
メンバーシップ　164
メンバーシップ型雇用　98

ら行
リスボン戦略　8, 10, 21, 95
リノベーションまちづくり　43, 46
リバビリティ　20
レジリエンス　17, 87
ローカルガバナンス　169

わ行
ワークフェア　93

白石克孝(しらいしかつたか)

1957年生まれ。名古屋大学大学院法学研究科博士後期課程単位取得、修士(法学)。名古屋大学法学部助手、龍谷大学法学部助教授、同教授を経て、現在、龍谷大学政策学部教授。龍谷大学地域公共人材・政策開発リサーチセンター(LORC)センター長。

主要業績：白石克孝・石田徹編『持続可能な地域実現と大学の役割』(日本評論社、2014年)、白石克孝・的場信敬・阿部大輔『連携アプローチによるローカルガバナンス ── 地域レジリエンス論の構築にむけて』(日本評論社、2017年)。

村田和代(むらたかずよ)

ニュージーランド国立ヴィクトリア大学大学院言語学科PhD (言語学)。専門は社会言語学。龍谷大学法学部講師、准教授を経て、現在龍谷大学政策学部教授。龍谷大学地域公共人材・政策開発リサーチセンター(LORC) コミュニケーションデザイン研究ユニット ユニット長。

主要業績：An empirical cross-cultural study of humour in business meetings in New Zealand and Japan, *Journal of Pragmatics.* 60 (Elsevier, 2014)、村田和代編『共生の言語学』(ひつじ書房 2015年)、『シリーズ話し合い学をつくる1〜3』(ひつじ書房 2017, 2018, in press)。

地域公共人材叢書第4期第2巻

包摂的発展という選択 ── これからの社会の「かたち」を考える

2019年9月20日　第1版第1刷発行

企　画　　龍谷大学 地域公共人材・政策開発リサーチセンター
編　者　　白石克孝・村田和代
発 行 所　　株式会社日本評論社
　　　　　　〒170-8474　東京都豊島区南大塚3-12-4
　　　　　　電話　03-3987-8621 (販売)　03-3987-8592 (編集)
印 刷 所　　藤原印刷株式会社
製 本 所　　牧製本印刷株式会社
装　幀　　林 健造

検印省略 ⓒK.Shiraishi, K.Murata　2019
乱丁・落丁本はお取り替えいたします。

JCOPY 〈(社) 出版者著作権管理機構 委託出版物〉

本書の無断複写は著作権法上での例外を除き禁じられています．複写される場合は，そのつど事前に，(社)出版者著作権管理機構 (電話 03-5244-5088, FAX 03-5244-5089, e-mail info@jcopy.or.jp) の許諾を得てください．また，本書を代行業者等の第三者に依頼してスキャニング等の行為によりデジタル化することは，個人の家庭内の利用であっても，一切認められておりません．
Printed in Japan,　ISBN 978-4-535-58731-1